장애인 차별을 다시 생각하다

SHOGAISHASABETSU O TOINAOSU by Yuki Arai
Copyright © Yuki Arai, 2020
All rights reserved.

Original Japanese edition published by Chikumashobo Ltd.
Korean translation copyright © 2025 by Secondthesis

This Korean edition published by arrangement with Chikumashobo Ltd., Tokyo, through BC Agency.

장애인 차별을 다시 생각하다
뇌성마비 장애인 운동단체 푸른잔디회의 장애해방운동

지은이 아라이 유키
옮긴이 문민기

1판 1쇄 발행 2025년 6월 12일

펴낸곳 두번째테제
펴낸이 장원
등록 2017년 3월 2일 제2017-000034호
주소 (13290) 경기도 성남시 수정구 수정북로 92, 태평동락커뮤니티 301호
전화 031-754-8804 | 팩스 0303-3441-7392
전자우편 secondthesis@gmail.com
홈페이지 secondthesis.com
블로그 blog.naver.com/secondthesis

ISBN 979-11-90186-47-6 03330

이 책의 한국어판 저작권은 BC에이전시를 통해 저작권자와 독점 계약을 맺은 두번째테제에 있습니다. 저작권법에 의해 한국 내에서 보호를 받는 저작물이므로 무단전재와 복제를 금합니다.

책값은 뒤표지에 있습니다. 잘못된 책은 바꾸어 드립니다.

장애인
　　차별을
　　　　다시
　　　　　생각하다

아라이 유키 지음
문민기 옮김

뇌성마비 장애인 운동단체 푸른잔디회의 장애해방운동

추천사

차별과 맞서 싸우는 사람들의 이야기는 언제나 가슴에 불길을 지핀다. '푸른잔디회'에 대해 처음 알게 되었을 때도 그랬다. 그들의 싸움은 나뿐만 아니라 한국의 수많은 진보적 장애인 운동가들에게 영감의 원천이 되었다. 그들의 지향을 비판적으로 넘어서기 위한 뜨거운 논쟁이 줄곧 이어지기도 했다. 이 과정과 더불어, 우리는 그들처럼 '정상인'들의 사회의 동정과 시혜를 거부하고 차별이 스며든 장소 곳곳에서 온몸으로 맞서 갔다. 그들이 그러했듯, 사회가 요구하는 '정상인'의 모습을 본따서가 아니라 우리의 몸 그대로를 드러내며 아스팔트 바닥을, 지하철 바닥을 기었다. 그리고 이내 우리에게는 푸른잔디회가 겪은 것처럼 '너무 과격하다'는 딱지가 나붙었다. 그러나 그것이 곧 새로운 민주주의를 만들어 가는 우리의 힘이었고, 아무도 기억하려 하지 않는 우리가 역사에 한 줄 기록될 수 있는 유일한 방법이었다. 이 책을 통해 그들과 우리의 해방이 연결되어 있음을 새삼 자각한다. 푸른잔디회가 쌓아 온 '작은 역사'가 우리가 쌓아 온 '작은 역사'와 만나 조금씩 세상을 바꾸어 왔음을 다시금 깨닫는다.

그러나 아직 갈 길은 멀다. 이 책에서 말하는 것처럼 사가미하라 시설 장애인 살상사건은 벌써 잊혀졌다. 여전히 일본과 한국의 수많은 장애인들이 시설에 갇힌 채 사랑의 가면을 쓴 혐오와 식민화를 견뎌 내고 있다. 그 와중에 나는 장애인운동 활동가로서 얻은 전과들을 명목으로 일본 입국을 세 차례나 거절당했다. '푸른잔디회의 투쟁'이, '또 다른 푸른잔디회들의 투쟁'이 서로가 서로를 만나 가며 일본에서, 한국에서,

그리고 세계 곳곳에서 계속 이어져야만 하는 이유가 바로 이것이다. 그 전선은 '비장애중심주의에 대한 저항Against Ableism'이다.

이 책을 통해 독자들이 지금까지의 차별에 맞선 저항의 역사를 되새기고 Against Ableism의 전선에서 함께하기를 바란다.

_ 박경석, 전국장애인차별철폐연대 상임대표

왜 장애인을 차별하면 안 되는 것일까

'장애인을 차별하면 안 된다'는 것은 한국 사회의 상식이다. 이 나라에는 장애인차별금지법도 있다. 그런데 왜 우리 주위에는 여전히 장애인에 대한 차별이 극심할까? 상식도 있고 법도 있는데 차별이 사라지지 않는다면, 혹시 차별은 해결할 수 없는 문제가 아닐까? 남몰래 이런 회의와 좌절을 느끼고 있다면 이 책은 바로 당신을 위한 책이다. '차별'이라는 말은 분명해 보이지만 생각보다 모호하다. 차별이 나쁘다는 원론을 넘어 어떤 행동이 왜 차별인지 공동체 다수의 구성원이 납득하기 위해서는 공통의 경험과 그 경험을 언어화한 이야기, 즉 역사가 필요하다. 이 책은 '우리는 문제 해결이라는 길을 부정한다'는 파격적인 행동강령 아래 1970~1980년대 일본에서 왕성하게 활동한 뇌성마비 장애인 운동단체 '푸른잔디회'의 투쟁을 따라가며 '장애인 차별'이라는 단어에 깃든 잊혀진 역사를 끈질기게 그려 낸다. 그 치열한 순간들을 따라가다 보면 차별에 맞서는 투쟁이란 우리의 삶 그 자체만큼 복잡하고 딱 나누어 떨어질 수 없음을 어느새 알게 된다. 결국 우리는 매순간 무엇이 가능한지 고민하며 한걸음씩 나아갈 수밖에 없다. 그것이 바로 인간의 삶이다.

_ 장혜영, 장애인 인권활동가, 21대 정의당 국회의원

한국어판 서문

 이 책에서 저는 "장애인 차별이란 무엇인가"에 대해 함께 생각해 보려고 합니다. 그렇다고 차별의 정의나 대처법 등을 알기 쉽게 해설한 것은 아닙니다. 오히려 일본의 장애인들이 어떠한 언동과 가치관을 차별이라 간주하고, 어떻게 저항해 왔는지 그 역사를 소개해 보았습니다.
 평소에 우리는 막연하게 "차별은 나쁘다"라고 생각하고 있지요. 하지만 애초에 차별이란 무엇이며 왜 그것이 나쁜지에 대해서는 처음부터 생각하거나 설명하지 않습니다.
 그렇지만 이 성가시고 곤란한 작업에 더욱 몰두할 필요가 있습니다. "차별은 이런 것이니까 이런 식으로 생각하면 된다"라는 식의 경직된 사고는 결과적으로 차별에 둔감한 감수성을 만들어 내기 때문입니다.
 그러나 각자 나름대로 차별에 대해 생각한다 해도 논의는 잘 축적되지 않습니다. 중요한 것은 처음부터 "차별은 나쁘다"라는 가치관을 쌓아 올리며 이를 착실히 사회에 확산시켜 온 사람들의 고난의 발걸음을 알고, 거기서 무엇을 배울 수 있을지를 생각하는 것이겠습니다.

이 책이 다루는 대상은 과격한 반차별 투쟁으로 알려진 장애인 단체 '일본뇌성마비자협회 푸른잔디회'입니다. 이 모임이 주로 활동했던 1970~1980년대는 일본 사회에서 장애인운동이 가장 활발했던 시기였습니다. 수많은 운동단체가 독자적인 활동에 나섰지만, 그중에서도 푸른잔디회는 직접적인 저항 행동을 널리 전개했기 때문에 지금까지도 평가가 찬반으로 나뉘고 있습니다.

아마 이 책을 읽는 분들 가운데도 푸른잔디회의 주장에 속이 후련해지는 사람도 있고 강한 위화감을 느끼는 사람도 있겠지요. 저자로서 바라는 것은 만약 여러분이 이 책을 읽고 어떠한 감정을 품게 되었다면, 그 감정이 어디서 나온 것인가를 스스로에게 반문해 주었으면 하는 것입니다.

어째서 푸른잔디회의 주장에 속이 후련해지는 걸까? 혹은 강한 위화감을 느끼는 걸까? 무엇이 그러한 감정을 품게 만들었는가? 이 책을 읽은 후 여러분께서 그러한 질문을 조금이라도 가져 준다면, 저자로서 이 이상 기쁜 일은 없을 것입니다.

2025년 현재, 세계에는 차별을 긍정하는 가치관이 넘쳐나고 있습니다. 배제나 증오라는 폭력도 횡행하고 있습니다.

어쩌면 지금 우리는 세계가 걱정스럽고 어리석은 길로 빠져드는 역사의 전환점에 직면해 있는 것일지도 모릅니다. 이러한 세계에 대항하기 위해서 무엇이 필요할까요. 어려운 질문입니다만, 저는 적어도 차별에 대한 감수성만은 무뎌지지 않은 채 있고 싶습니다. 그것이 아무런 힘도 가지지 못한 우리 한 사람 한 사람에게 가능한 최대의 저항이라고 믿습니다.

   이 책이 한국과 일본의 국경, 문화, 역사, 언어를 넘어 불쾌한 미래에 대항하기 위한 연대를 잇는 실이 되어 줄 것을 바라 마지않습니다.

   마지막으로 이 책의 번역에 힘써 주신 문민기 씨에게 진심으로 경의와 감사를 표합니다.

2025년 4월

아라이 유키

차례

한국어판 서문 7

들어가며_ '장애인 차별'에 대해 생각한다는 것 13

1. '차별'과 싸우기 시작한 사람들 31
2. 장애인인 채로 살아간다 59
3. '건전자'란 누구인가 83
4. 빼앗긴 '자신'을 되찾다 107
5. 장애인은 살해당해도 어쩔 수 없는가 135
6. 장애인에게 '보통의 생활'이란 무엇인가 159
7. 장애인은 태어나면 안 되는가 191

나가며_ 장애인 차별과 맞서는 언어 235

참고문헌 255
지은이 후기 263
옮긴이 후기 269

일러두기

1. 이 책은 아라이 유키荒井裕樹의 《障害者差別を問いなおす》(筑摩書房, 2020)를 우리말로 완역한 것이다.
2. 각주는 모두 옮긴이 주다. 도서, 저널명의 경우 겹화살괄호로, 논문 및 기사명은 홑화살괄호로 표기했다. 언론사명은 그대로 표기했다.
3. 인명 및 단체명 등의 고유명사는 외래어 표기법을 따르되 널리 사용되는 표현이 있는 경우 그에 따랐다. 이해에 필요한 경우 원어나 한자, 로마자를 병기했다.

들어가며
'장애인¹ 차별'에 대해 생각한다는 것

† '차별'을 포착하려면?

'장애인 차별'이라는 말에서 무엇이 떠오르나요?
'장애인 차별'이라는 말에 어떤 이미지를 갖고 있나요?

이 책의 주제인 '장애인 차별'에 대해 생각해 보기 위해서 우선 '차별差別'이라는 말을 사전²에서 찾아보는 것부터 시작합시다.

《코지엔広辞苑》(제6판)에는 '① 차이를 두어 다루는 것. 차등 대우. 정당한 이유 없이 열등한 것으로 부당하게 취급

---

1 [옮긴이] 일본어 한자를 그대로 음차하여 옮기면 장해자障害者이지만, 이 책에서는 한국에서 널리 쓰이는 장애인으로 바꾸어 옮겼다. 장애인을 지칭하는 용어에는 여러 가지가 있으며, 한국에서는 시기에 따라 그 용어가 변했다. 일본어와 동일하게 장해자라고 쓴 적도 있고, '장해'를 '장애'로 쓰면서 장애자障礙者로 바뀌었다. 1981년 〈심신장애자복지법〉이 제정되고, 1989년 〈장애인복지법〉으로 전부개정이 이뤄지면서 '장애인'이 법률적 용어로 정착되었다.

2 [옮긴이] 한국의 《표준국어대사전》은 '차별'을 "둘 이상의 대상을 각각 등급이나 수준 따위의 차이를 두어서 구별함"이라고 해설하고 있다.

하는 것', '② 구별하는 것. 분간'이라고 해설하고 있습니다.

이 책에서 문제로 삼는 것은 ①의 의미에서 말하는 '차별'입니다.

'차별'이라는 말의 사전적 의미는 '부당하게 차이를 두어 취급하는 것'입니다만, 우리가 일상생활에서 쓰는 말은 사전에 나온 의미를 벗어나는 경우도 드물지 않습니다.

'장애인 차별'이라는 말에 관해서도 앞서 이야기한 의미 이상의 어감이 엉겨 붙는 경우가 있습니다. 이 말을 보고 '장애인의 인권을 침해하는 것'이라는 이미지를 떠올리는 사람이 있는가 하면, 그보다 일상적인 감각에 가까운 측면에서 '장애인을 냉대하는 것', '장애인에 대해 혐오감이나 공포감을 갖는 것'과 같은 내용을 떠올리는 사람도 있겠지요.

'차별'을 생각할 때, 이러한 용어의 문제가 하나의 장벽이 됩니다.

이 말은 '의미의 색깔'은 명확한 데 반해 '의미의 테두리'는 무척이나 애매합니다. '특정인(들)에 대해서 무언가 좋지 않은 일을 한다'는 이미지를 많은 사람이 공유하는 한편으로, 구체적으로 어떤 언동이 '차별'에 해당하는지 그 범위나 정의를 정하려고 하는 순간 의견을 하나로 모을 수 없게 되어 버리는 것입니다.

예를 들어 '신체에 장애가 있는 아동이 특수학교가 아닌 일반학교에 다니고 싶다고 신청했지만 해당 일반학교에는 전문 지식을 가진 선생님이 없기 때문에 활동지원과 돌봄 등을 맡아 줄 보호자와 함께 입학·등교할 것을 입학 조건으로 제시했다'라는 일이 일어났다고 가정해 봅시다.

이러한 대응이 '장애인 차별'인지 아닌지에 대해 지금 이 글을 읽고 있는 사람들 사이에서도 의견이 나뉘지 않을까요(이에 대해서는 뒤에서 이야기하겠습니다).

원래 '차별'이란 복잡한 사회 속 복잡한 사정이 얽혀 있는, 무척이나 성가신 문제입니다. 하지만 그러한 성가신 문제를 논의하기에 훨씬 앞서 '차별'이라는 말의 의미와 내용을 공유할 수 없는 사태가 발생하기도 합니다.

우리가 '차별은 좋지 않다'는 총론에 동의하는 것은 쉬운 일입니다만, 구체적으로 어떠한 언동이 차별에 해당하는지를 공유하려 하자마자

"차별과 구별은 다르다."
"차별이 혐오감과 공포감 같은 감정에 속하는 것이라면, 그건 내 맘이다!"
"선의로 한 언동이라면, 그것을 부정적으로 받아들이는 쪽이

문제다."

"악의가 없는 언동까지 차별이라고 하면서 오히려 일을 어렵게 만들고 있다."

등의 의견이 나오면서 의견을 하나로 모으기 어렵게 됩니다.

얄궂게도 '차별'은 '나쁜 것이다'라는 총론에 동의하기 쉽기에, 반대로 각론에서 동의를 얻기 어려운 것일지도 모르겠습니다. 각론에 대해 논의하는 것은 '당신(나)의 그 언동은 차별에 해당하는가 아닌가'를 생각하는 데까지 이어지기 때문입니다.

자신의 행동이나 가치관에 대해 "차별이야"라고 책망받게 되는 것은 누구에게나 기분 좋은 일이 아닙니다. 누구든 '차별자'라고 손가락질당하고 싶지 않을 터이기에 '차별'이라는 말의 '의미의 테두리'를 흐리게 하고 싶다는 심리가 작동하는 것일지도 모르겠습니다.

† 장애인차별해소법

구체적으로 어떤 언동이 누군가에 대한 '차별'이 되는 것일까요.

조금 거칠게 말하자면, 이러한 틀은 그때그때마다 사회의 합의에 따라 정해집니다.

'성차별'이나 '인종차별' 등은 시대와 함께 인식이 바뀌어서 과거에는 '차별'이라 간주되지 않았던 언동도 현재는 명확한 '차별'이 되는 경우가 적지 않습니다.

이것은 바꿔 말해 그 사회를 구성하는 사람들이 합의한다면, 애매해서 포착하기 어려운 '차별'에 대해서도 일정한 정의나 틀을 부여할 수 있다는 것입니다. 그렇기에 세계 각국에서 '차별'에 대응하는 법률이나 조약을 만들어서 지금 횡행하고 있는 차별적 언동에 제동을 걸거나 차별적 상황을 시정하는 시도가 이뤄지고 있습니다.

일본에서도 장애인 차별에 관한 법률 정비가 진행 중입니다. 2006년 국제연합UN에서 채택한 장애인권리협약(정식 명칭은 '장애인의 권리에 관한 협약')을 일본은 2014년에 비준했습니다.[3] 그리고 2013년에는 장애인차별해소법障害者

---

[3] [옮긴이] 한국에서는 2008년 12월 국회 비준동의를 거쳐 2009년 1월에 발효되었다. 장애인권리협약 선택의정서는 2022년 12월이 되어서야 국회 비준동의를 이끌어 낼 수 있었다. 장애인이 국내에서 구제받지 못할 때 UN 장애인권리위원회에 진정 요청을 할 수 있도록 보장하는 내용을 담은 선택의정서는 당사국의 협약 이행 수준을 실질적으로 높이는 장치라고 평가된다.

差別解消法(정식 명칭은 '장애를 이유로 하는 차별의 해소 추진에 관한 법률'. 이하 해소법으로 표기)이 제정되어 2016년에 시행되었습니다.

해소법은 아무것도 없는 상황에서 갑자기 생겨난 것이 아닙니다. 또 사회의 다수파인 '장애인이 아닌 사람들'이 사회의 소수파인 '장애인'을 고려해서 만든 법률도 아닙니다. 이 법률의 제정·시행에 이르기까지, 장애가 있는 사람이든 없는 사람이든 사회 안에서 함께 동등하게 살아갈 것을 끊임없이 요구한 많은 장애 당사자들이 있었다는 점을 잊어서는 안 됩니다.

해소법에는 행정기관이나 민간 사업자 등이 정당한 이유 없이 장애를 이유로 장애인을 차별하는 것을 금지('부당한 차별적 대우'의 금지)하는 것과 함께, 장애인이 어떠한 대응을 요구했을 때는 과도한 부담이 되지 않는 범위에서 기회의 평등을 보장하기 위해 노력할 것('합리적 배려' 제공 의무)이 명시되어 있습니다.

물론 이러한 법률이 만들어졌다고 해서 곧바로 우리 사회에서 '장애인 차별'이 '해소'될 리 없겠지요. 또 '부당한 차별적 대우'나 '합리적 배려'의 상세한 내용에 대해서는 지금부터 사회 전체에서 합의를 만들어 나가야 하고 이 법률을 보다 좋은 것으로 키워 갈 필요가 있습니다(덧붙여 앞서 예시로 들었던 '보호자와 함께하는 것을 조건으로 한 장애아동의 입학·등교 인정' 사례는 학교 측의 해소법 위반입니다).

'차별'에 관한 문제가 보도되었을 때 "차별할 의도는 없었기 때문에 차별이 아니다"라는 취지의 발언을 접할 수 있습니다. 이러한 발언은 들을 때마다 놀라게 됩니다만, 설령 개개인의 마음속에 '차별하려는 의도'가 없었다 하더라도 우리 사회에 '특정한 사람들에게 불이익을 주는 구조'가 존재한다면, 그것은 시정되어야 할 것입니다.

이러한 구조에 무감각하거나 시정할 필요성을 느끼지 못하는 사람이 있다면, 그가 '차별에 가담한 것'으로 여겨야 한다고 생각합니다.

여담이지만 해소법 제정 직후 지인인 장애 당사자가 진심으로 기뻐했던 것이 인상적이었습니다.

그때까지는 일상생활에서 불합리한 대우를 받았을 때 "차별이니까 그만하세요"라고 호소해도 "차별이 아니라 구별이다"라든가 "받아들이는 쪽의 문제다"라고 치부되어 왔으니까요. 법률이 제정되고 나서는 "해소법 위반이니까 그만하세요"라고 분명히 이야기할 수 있게 되었다는 겁니다.

† 장애인은 '불행'한가?

해소법이 시행되면서 우리가 살고 있는 이 사회가 장애인 차별을 극복한다는 목표를 향해 확실하게 앞으로 나아가고 있다고 생각했습니다.

무엇이 장애인 차별에 해당하는지 지금부터 구체적인 사례를 쌓아 가고, 합의를 이루어 나가며, 그에 맞춰 법 제도가 정비되고 연수나 계몽 활동 등이 진행된다면 제가 지금까지 나이 든 장애인들에게 들었던 것과 같은 차별(장애인에 대한 혐오감을 노골적으로 표현하거나 장애인의 존엄이 공공연하게 더럽혀지는 것과 같은 사태)은 과거의 유물이 될 것이라고 생각했습니다.

하지만 '차별을 해소하기 위한 법률을 만들면 머지않아 차별은 극복된다'라고 말할 수 있을 정도로 사회가 단순한 구조로 되어 있지는 않은 것 같습니다.

2015년 11월, 이바라키현에서 교육위원으로 있던 한 인물의 발언이 물의를 일으킨 적이 있습니다. 특별지원학교를 시찰한 경험에 비추어 볼 때 장애아동 수가 많으면 큰일이므로, 임신 초기 단계에(즉 출생 전 진단에 의한 중절 등으로) 장애아동 수를 줄여야 하지 않겠느냐는 취지의 발언을 공적인 자리에서 한 것입니다(아사히신문, 2015년 11월 19일 자).

아마도 이 위원은 단순히 장애아동이 '불행'하고 '불쌍'하며, 장애아동을 키우는 부모나 관계자들을 '안쓰럽다'고 생각한 것이겠지요. 본인 나름의 '선의'나 '동정'에서 나온 발언일 거라고 생각합니다.

과거에(예를 들어 1970년대 무렵까지)는 공직자가 이런 발언을 하거나 주요 언론매체에 게재되는 일이 드물지 않았습니다. 하지만 지금에 이르러 이러한 발언은 사회적으로 용인되지 않는 것(용인되어서는 안 되는 것)으로 인식되고 있습니다(이러한 발언이 '용인되어서는 안 된다'라고 인식하게 된 것은 언제부터이며 어떠한 사정이 있었을까요. 이 책은 이러한 경위에 대해서 살펴보는 책이기도 합니다).

임신이나 출산은 개인적인 일에 속하는 것이며 공직자가 함부로 간섭해서는 안 됩니다.

또 어떤 사람이 살아가는 모습에 대해 그것이 행복한지 불행한지를 결정할 권한은 누구에게도 없습니다. 만약 장애아동이 '불행'하다고 한다면, 문제 삼아야 할 것은 장애아동을 '불행'하게 만든(장애아동이 '불행'하다고 단정해 버리는) 사회구조와 가치관 쪽입니다.

'장애아동이 많으면 큰일이니까 장애아동의 수를 줄여야겠다'라는 사고방식은 장애아동을 받아들이지 않는 사회의 문제를 장애아동 개인에게 떠넘기게 되어, 결과적으로 '장애인을 배제하는 사회'로 박차를 가하게 됩니다.

이 위원의 발언에 대해서는 곧 여러 곳에서 비난이 일어났고, 본인도 발언을 철회 및 사과하고 사임했습니다(아사히신문, 이바라키판, 2015년 11월 25일 자). 해소법 시행을 앞둔 2015년에 공직에 있는 (특히 교육 계통의) 사람이 이러한 취지의 발언을 했다는 것은 안타까운 일입니다.

해소법이 제정되었어도 이전까지의 낡은 가치관을 극복해 나가는 데 시간이 걸릴 것입니다. 또 이 법률 자체의 인지도가 무척이나 낮다는 과제도 있습니다. 혹은 애초에 법 제도를 통해 사람들이 가지고 있는 가치관을 바꾸는 것이 가능한가(법 제도가 사람들의 가치관을 바꾸기 위한 수단으로서 적합한가) 하는 점도 논쟁거리가 되겠지요.

다만 중요한 것은 우리 사회가 '장애인 차별'을 '해소'할 것을 법률로 내세웠다는 점이고, 지금부터 '해서는 안 되는 것'의 테두리를 정하여 그것이 점차 나아지도록 논의를 계속하겠다는 사회적 약속을 공유했다는 점입니다.

이러한 논의를 축적해 가는 일은 결코 무의미한 것이

아니며 무력한 것도 아닙니다. 이 점을 몇 번이고 강조해 둘 필요가 있겠습니다.

하지만 해소법이 시행된 2016년, 이러한 노력과 노력하려는 의지를 뿌리째 부정하는 사건이 일어납니다. 가나가와현 사가미하라시에서 일어난 '사가미하라 장애인 시설 살상사건'(이하 사가미하라 사건으로 표기)입니다.

† 누군가 살해당해도 신경 쓰지 않는 사회

사가미하라 사건에 대해서는 아직 알 수 없는 것도 많기에 이 자리에서 가볍게 이야기할 사안은 아닙니다. 또 이 책의 목적은 사가미하라 사건을 검토하는 것도 아닙니다. 지금 이 자리에서 이야기할 수 있는 것만 써 두고자 합니다.

사가미하라 사건은 중증장애인의 생존 그 자체를 노골적이고 공공연하게 부정했습니다. 피고인(이 책을 쓸 당시 신분, 현 사형수)은 "장애인은 살아가는 의미가 없다", "장애인은 불행을 낳을 뿐이다"라는 취지의 발언을 반복하였고 그러한 끔찍한 행위를 실행에 옮겼습니다.

그리고 사건의 양상이 보도되자 피고인의 가치관에 호

응하는 말들이 사회관계망서비스SNS에 넘쳐났으며, 그 자체로 하나의 사회문제가 되기도 했습니다. 이때 인터넷에 떠돌던 말들 가운데는 "장애인과 함께 살고 싶지 않다"라는 거친 말들도 적지 않았습니다.

덧붙이자면 피고인은 범행 전에 입법부의 수장인 중의원 의장 앞으로 마치 '범행 예고'라고도 볼 수 있는 편지를 보냈습니다. 그 안에는 행정부의 수장인 내각총리대신에게 보내는 친애의 말들도 적혀 있었습니다. 이러한 행동이 벌어진 이상, 사가미하라 사건에 대해 국회에서 의연한 비난 결의가 있을 것이라고 생각했습니다만, 결국 그러한 결의가 이루어지는 일은 없었습니다.

사가미하라 사건에 대해서는 공직자뿐만 아니라 우리 시민 한 사람 한 사람도 이 참사를 진지하게 받아들이려는 의지가 충분치 않다고 생각합니다(이는 스스로의 반성을 포함하여 말씀드립니다).

이 사건은 장애인 시설이라는 '멀리 떨어진 곳'에서 '이상한 사람'이 벌인 '예외적 사건'으로 받아들여져 남의 일로 여겨지는 경향이 있습니다.

실제로 사건이 벌어지고 3년이 흐른 후 NHK가 진행한 여론조사에서는 약 다섯 명 중 한 명 꼴로 사건에 대해 '별로 기억나지 않는다', '전혀 기억나지 않는다'고 답했고, 이십 대 이하의 젊은이들은 절반 가까이가 '기억나지 않는다'고 답했습니다(이 사건에 대해서 NHK가 개설한 웹사이트 '19명의 생명—장애인 살상사건'[4] 중에서).

우리가 살아가는 이 사회에서, 아니, 저나 당신에게 장애인이 살해당한다는 것은 '남의 일'인가요? 사가미하라 사건은 일부 장애인, 장애인 가족, 복지 관련자에게만 심각한 문제이고 그 이외 사람에게는 관계없는 일인가요?

그러나 이 사건을 '남의 일'이라고 생각하는 순간, 우리는 '특정 사람들이 살해당해도 신경 쓰지 않는 사회에서 살고 있다'는 것을 긍정하게 되어 버립니다.

그러한 사회의 무관심이라는 벽 너머에서 무슨 일이 벌어질지 상상해 보세요. 자신이나 자신의 소중한 사람이 그 벽의 반대편으로 밀려나지 않을 거라는 보장 따위는 어디에도 없습니다.

그리고 특정한 사람들을 무관심이라는 벽 너머로 보내 버리는 일은 '차별'일 수밖에 없습니다.

---

4 [옮긴이] nhk.or.jp/d-navi/19inochi/[2025년 3월 28일 현재 접속 가능].

† 사가미하라 사건 이후, 세상에서 살아가기 위하여

사가미하라 사건 직후 어떤 분과 이야기할 기회를 얻었습니다. 오랫동안 가나가와현에서 뇌성마비 당사자운동을 하고 있는 시부야 하루미渋谷治巳 씨입니다.

뇌성마비 장애인인 시부야 씨는 다음과 같이 기분을 이야기해 주었습니다.

> 요즘 '언젠가 장애인이 무차별 살인 피해를 입게 되는 것 아닐까' 하는 예감을 갖고 있었는데요. 갑작스럽게 괴한에게 당하는 사건 같은 것일 거라고 상상했어요. 한데 그것이 이러한 최악의 형태로 현실에 나타나 버렸어요.

사가미하라 사건이 일어나기 전부터 우리 일본 사회에는 특정한 사람을 향한 증오를 노골적으로 드러내는 활동이 '일상'에까지 스며들어 있었습니다. 예를 들어 생활보호 대상자를 향한 공격이나 재일외국인에 대한 혐오 발언Hate Speech 등이 그러합니다. 지금은 그러한 언동이 인터넷 공간뿐만 아니라 부모 자식이 함께 오가는 거리나 한적한 주택가 등에서도 나타나게 되었습니다.

이러한 풍조가 '언젠가 장애인이 무차별 살인 피해를 입게 되는 것 아닐까' 하는 두려움이 되어 장애인의 일상생활을 위협하고 있다는 것을 알게 되어 충격을 받았습니다. 정말로 언론에 의한 폭력과 물리적인 폭력 사이의 거리는 종이 한 장 차이였습니다. 사소한 계기만 있다면 말은 언제라도 주먹으로 바뀔 수 있습니다.

사가미하라 사건은 이러한 불안을 한순간에 '현실의 것'으로 바꾸어 버렸습니다.

조금 붐비는 지하철에 휠체어를 타고 승차했다는 이유만으로, 바쁘게 걸어가는 사람이 많은 길에서 천천히 이동할 수밖에 없다는 이유만으로, 단지 그러한 일만으로도 폭력을 휘두를지 모른다. 사가미하라 사건 이후, 이러한 불안에 휩싸이는 때가 있다는 이야기를 장애가 있는 지인에게서 들을 기회가 종종 있었습니다.

생각해 보면 2010년대 후반 몇 년만 하더라도 사회에서 다수가 아닌 이들에 대한 관용이 필요치 않다는 가치관이 분출하는 듯한 사례가 계속해서 발생했습니다. 성소수자에 대한 차별(LGBT는 '생산성이 없다'는 발언 등), 여성에 대한 성폭력이나 차별적 대우(모 의과대학 입시 등), 새로운 기지 건설을 둘러싸고 계속해서 무시당하고 있는 오키나와 주민들의 의견, 출입국관리국에 의한 외국인 인권침해, 열악한 환경에서 일하고 있는 외국인 기능실습생, 관공서에 의한 장애인 고용 부풀리기 문제 등이 그러합니다.

해소법 같은 법률을 만들고 장애인이 살아가기 위한 사회 자원이 정비되어 가는 한편, 그동안 쌓아 온 노력을 되돌려 버리는 사건이 발생하여 장애인이 일상을 살아가면서 불안을 느끼게 되는 공기가 맴돌고 있죠.

국적, 언어, 문화, 관습, 신앙, 연령, 신체의 특징(장애·질병 등), 출신지, 성별, 가족 구성 등 여러 가지 다른 사정을 품고 있는 사람들이 함께 살아가는 '다이버시티diversity(다양성) 사회'를 지향하는 한편으로 거리, 직장, 학교, 인터넷이라는 일상의 생활공간에서는 소수자에 대한 관용이 필요치 않다는 가치관이 난폭하게 분출하고 있죠.

이러한 혼란스러운 시대 상황 속에서 우리는 '장애인 차별이란 무엇인가'라는 문제에 대해서 처음부터 다시 생각해 봐야 합니다.

그렇다 해도 애초에 '장애인 차별이란 무엇인가에 대해 처음부터 생각해 본다'는 것이 구체적으로 어떠한 일일까요. 어떠한 작업이 필요한 것일까요.

다양한 논의 방법이 있고 여러 시점에서 검토가 필요하다고 생각하지만, 저는 '장애인 차별을 이야기하게 된 원점을 다시 살펴보고, 현대까지 이어지는 문제를 발견한다'라는 방법을 취하고자 합니다.

과거 '차별'을 극복하기 위해 들고일어난 저항운동은 대부분의 경우 '사회의 상식'에 이의를 제기하는 형태로 나타났습니다. '장애인 차별'을 극복하려고 한 운동도 예외는 아닙니다.

우리가 살아가는 이 사회에도 장애인 당사자들이 장애인을 배제한 채 만들어진 '상식'에 대해 이의제기해 왔던 역사가 있었습니다. 책에서는 그러한 사람들의 운동을 되짚어 보는 작업을 해 보고자 합니다.

우리 사회에서 과거의 어떠한 행위나 가치관이 '장애인 차별'이라며 장애인들의 분노를 불러일으키고 비판받아 왔을까요. 장애인들은 어떤 행위나 가치관을 '장애인 차별'로 인식하고 분노를 느껴 왔을까요.

이러한 과거의 사례를 되짚어 보면서 다시 한번 '장애인 차별이란 무엇인가'에 대해서 생각해 보고 싶습니다.

1. '차별'과 싸우기 시작한 사람들

이 책에서는 과거 우리 일본 사회에서 있었던 장애인들의 이의제기 사례를 살펴보고자 합니다. 다만 이러한 문제설정은 너무나 막연하기 때문에, 본론을 전개하기에 앞서 어떠한 틀을 마련해 두어야 합니다.

그래서 이 책은 한 장애인 단체의 활동을 축으로 삼아 이야기를 전개해 나가려고 합니다. 그 단체는 '일본뇌성마비자협회 푸른잔디회日本脳性マヒ者協会 青い芝の会'입니다.

푸른잔디회는 1957년에 결성된 뇌성마비 장애인들의 운동단체입니다. 어째서 이 단체를 검토하는 일이 '장애인 차별이란 무엇인가에 대해 처음부터 생각해 본다'로 이어질까요.

결론부터 말하면, 푸른잔디회가 장애인 자신이 주체가 되어 장애인 차별에 맞서 의연하게 싸우는 모습을 보인 첫 운동단체였기 때문입니다. '장애인 차별과 싸운다는 것은 어떤 의미인가', '애초에 싸워야 할 장애인 차별이란 무엇인가'와 같은 문제를 생각해 보고자 할 때, 푸른잔디회는 무척이나 귀중한 사례입니다.

† 목소리를 내기 시작한 사람들

우선 푸른잔디회가 결성되기까지의 배경과 실제로 있었던 주요 저항 행동에 대해 간략히 이야기해 보겠습니다.

뇌성마비(종종 "CP"[Cerebral Palsy]라고 줄여서 씁니다)란 어떠한 원인으로 뇌에 손상을 입어 신체 기능에 후유장애가 생긴 상태를 가리킵니다.

주로 손발의 마비(경련·경직)나 불수의운동(아테토제 [Athetose]=스스로 자신의 신체를 통제하기 어려운 상태[1])이 나타나는데, 개인마다 정도의 차이가 커서 대부분 누워서 지내는 사람이 있는가 하면 걸을 때 다리를 끄는 정도의 사람도 있습니다.

언어장애를 수반하는 사람도 있지만, 이것 역시 개인차가 커서 말을 할 때 시간이 걸리는 사람이 있는가 하면 거의 불편함 없이 말하는 사람도 있습니다. 경우에 따라 지적장애를 수반하기도 합니다.

---

1 [옮긴이] 한국에서는 동일한 의미의 영단어인 아테토시스Athetosis를 주로 사용한다.

푸른잔디회는 이러한 장애가 있는 사람들이 결성한 단체입니다. 모임 결성을 보도한 아사히신문(1957년 10월 12일자) 기사에는 다음과 같이 쓰여 있습니다.

> 세 명의 뇌성마비 환자가 이번에 '푸른잔디'라는 이름의 모임을 만들었다. 뇌의 운동중추 장애로 인한 이 병은 대부분 입도 손발도 만족스럽게 움직일 수 없다. 본인도 다른 사람들의 눈을 피하고 가족들도 집 안에 가둬 두기 십상이다. "그래서는 안 된다. 모두 가슴을 펴고 밖으로 나가자. 서로 팔짱을 끼고 밝게 살아 나가자"라는 취지의 모임으로, 환자 스스로 이런 모임을 만든 것은 전국에서 처음 있는 일이다. (중략) '푸른잔디'란, 밟히고 밟혀도 잔디처럼 밝게 뻗어나가자는 의미라고 한다.
>
> _"밝게 자라나는 '푸른잔디' 모임"

푸른잔디회가 결성될 즈음의 시대 배경을 정리해 보겠습니다.

1956년, 《경제백서》에 '이제는 전후戰後가 아니다'라고 기록된 것은 유명한 이야기입니다. 이 시기 일본은 전후 부흥기에서 고도경제성장기로 돌입하였습니다.

1960년에는 이케다 하야토池田勇人 내각이 소득 증대 계획

푸른잔디회 결성을 전하는 기사.
아사히신문, 1957년 10월 12일 자 조간 11면.

을 발표했고, 이후 일본은 연평균 10퍼센트라는 경이로운 경제성장을 이어 감과 동시에 도쿄 올림픽이나 도카이도 신칸센 개통 등 화려한 국가사업이 이어지면서 많은 국민이 경제적 풍요로움을 향유했습니다.

그러나 이와 같은 화려한 성장의 이면에 농림수산업 등 1차 산업에 종사하는 인구는 감소했고 도시로의 인구 유입과 화이트칼라층의 증대, 농촌 공동체의 약화, 대가족 감소와 핵가족 증가라는 사회구조의 변화가 진행되었습니다. 또 이 시기에는 고도성장의 폐해라고 할 수 있는 공해와 약물 피해가 커다란 사회문제가 되기 시작했습니다.

1950년대 후반부터 1960년대까지는 복지업계에도 중대한 전환기였습니다. 각 장애 유형별 단체가 계속해서 결성되었던것입니다. 이들 단체 대부분은 장애인의 부모(가족)나 그 부모들을 지원하고자 하는 복지·교육·의료 전문가들이 중심이었습니다.

결성 연도	명칭
1952년	정신박약아육성회(손을 잡는 부모 모임)
1961년	전국지체부자유아부모회
1963년	탈리도마이드[2]아동보호자모임
1963년	전국심신장애인형제자매회
1963년	전국언어장애아부모회
1964년	전국중증심신장애아(인)를지키는모임
1965년	전국정신장애인가족회연합회
1966년	뇌성마비아동을지키는모임
1967년	자폐증아동부모회
1967년	전국헤모필리아[3]모임
1967년	전일본시력장애인협의회
1967년	탈리도마이드피해아동을지키는모임
1967년	전국스몬[4]모임

1950~1960년대에 결성된 장애인(아동) 관련 단체 일람.
杉本章,《障害者はどう生きてきたか―戦前・戦後障害者運動史》
(増補改訂版, 現代書館, 2008)로부터 작성.

---

2 [옮긴이] Thalidomide. 1950년대에 독일 제약사 그뤼넨탈에서 만든 신경안정제로 임신부들의 입덧을 완화하는 데 효과가 있다고 소문이 나면서 '콘테르간'이라는 제품명의 입덧 방지 및 수면제로 인기를 끌었다. 이후 장기 투약한 환자 일부에게서 팔과 다리의 신경 손상이 발견됐고, 기형아 출산이 증가하기 시작했다. 1962년 최종 판매 금지될 때까지 5년간 사용된 탈리도마이드로 인해 전 세계 48개국에서 12000여 명 이상의 기형아가 태어난 것으로 알려져 있다.

3 [옮긴이] 혈우병hemophilia은 X염색체에 위치한 유전자 돌연변이로 인해 혈액 내 응고인자가 부족하여 발생하는 출혈성 질환이다.

4 [옮긴이] subacute myelo-optico neuropathy, SMON. 급성과 만성의 중간 성질을 지니는 아급성 척수-시신경 장애를 의미한다. 일본에서는 1955년경부터 장질환 치료 중에 원인 불명의 신경염 증상이나 반신마비 증상이 나타나는 환자가 나오면서 이 증상을 스몬이라고 명명했다. 1969년 후생성에 설치된 스몬조사연구협의회에서 연구를 개시하여 1970년 키노포름이라는 의약품이 원인으로 밝혀졌다.

1. '차별'과 싸우기 시작한 사람들

이 시기에 장애인의 부모들이 나서게 된 배경은 무엇이었을까요. 시나리오 작가 마쓰야마 젠조松山善三가 《부인공론婦人公論》 1961년 9월호에 기고한 〈소아마비와 싸우는 사람들〉이라는 글은 당시의 분위기를 읽기에 좋은 참고 자료입니다. 마쓰야마는 의료·복지 시책이 진전된 미국과 그렇지 않은 일본을 비교하여 "일본에서 소아마비와 싸우는 것은 아이를 안고 있는 어머니의 모습이지만, 미국에서는 의사 **바로 그 사람**이다. 아이를 안고 있는 어머니의 모습은 비장하며, 전쟁 중에 죽창을 든 병사와 닮아 있다"(강조는 원문)라고 썼습니다.

이 시기, 가족 중에 장애인·장애아동이 있는 사람들은 문자 그대로 "죽창을 든 병사"와 같은 상황이었습니다. 당시의 신체장애인복지법은 갱생이나 사회 복귀를 기본 이념으로 하고 있었기 때문에 생산활동을 할 수 없을 것으로 여겨진(즉 신체 기능의 개선을 기대할 수 없는) 장애인·장애아동은 대상에서 제외되어 있었습니다.

특히 신체장애와 지적장애(당시의 명칭은 '정신박약')를 함께 가진 중증 심신장애아동은 무척이나 어려운 상황에 처해 있었습니다. 당시 제도는 이 두 가지를 나눈 채로 설계되어 있었기 때문에 양쪽 모두에 해당하는 아이는 어느 쪽의 구제 대상도 되지 못했고, 무거운 장애가 있었기에 아동복지법의 대상도 되지 못했습니다.

이러한 아이와 가족을 지원하기 위하여 쿠사노 쿠마키치草野熊吉(가정법원 조정위원, 1904~1999년), 고바야시 테이쥬小林提樹(소아과 의사, 1908~1993년), 이토가 가즈오糸賀一雄(사회복지가, 1914~1968년) 같은 독지가들의 훌륭한 노력으로 '아키쓰치료교육원秋津療育園'(1958년 개설), '시마다치료교육원島田療育園'(1961년 개설), '비와코학원びわこ学園'(1963년 개설) 등의 시설이 개설되었지만, 수용자 수는 너무나 적었으며 나라로부터의 보조도 기대할 수 없는 상황이었습니다.

당시 국민적 인기를 누렸던 추리소설 작가 미즈카미 쓰토무水上勉(1919~2004년)가 이 문제에 대해 언급한 바 있습니다. 미즈카미는 이분척추증(당시의 명칭은 '척추 파열')을 가진 딸이 있었기에 복지 문제에 큰 관심을 가지고 있었습니다.

미즈카미가 가장 관심을 둔 것은 이 나라의 빈약한 복지 예산이었습니다. 미즈카미는 이케다 하야토 수상 앞으로 공개 서한 〈친애하는 이케다 총리대신 님께〉(《중앙공론》 1963년 6월호, 이하 〈친애하는〉으로 표기)에서 시마다치료교육원의 이름을 거론하면서 다음과 같이 "격노"했습니다.

1. '차별'과 싸우기 시작한 사람들

총리대신. 저는 당신에게 제 우는 소리를 써 보이고 싶었던 게 아닙니다. 저는 중증신체장애인을 수용하는 시마다치료교육원에 정부가 단지 2할밖에 보조하지 않은 것에 대해 격노한 것입니다. 정부는 오늘날 벙어리, 귀머거리, 장님 같은 그 불쌍한 아이들을 시설에서 쫓아내고 있고, 아이들을 수용하는 치료교육원에 지금까지 보조한 돈은 2년에 걸쳐 고작 1천만 엔뿐입니다. (중략) 제가 올해 1년 동안 낸 세금 1천 1백만 엔보다도 적은 돈입니다.

유명한 작가가 기고한 글의 영향력은 정부도 무시할 수 없었겠지요. 미즈카미의 글에 대해 내각 관방장관 쿠로가네 야스미黒金泰美가 〈친애하는 미즈카미 쓰토무 님께〉라는 답신을 기고하여(《중앙공론》1963년 7월호) 복지업계에서는 '정중한 편지 붐'이 일어났다고 전해집니다.

고도경제성장의 이면에 사회로부터 버려진 장애인(아동)의 부모들이 사회보장을 충실히 할 것을 요구하는 절실한 목소리가 울려 퍼지기 시작했습니다.

† 콜로니 건설

이 시기 장애인(아동)의 부모들이 강력하게 요구한 것

은 장애인(아동)이 장기적으로 살아갈 수 있는 입소시설을 건설해 달라는 것이었습니다. "우리가 죽은 뒤에 우리 아이를 어쩌면 좋을까"라는 걱정은 많은 부모들이 공유하고 있는 가장 큰 현안이었습니다.

1965년, 사토 에이사쿠佐藤栄作 수상의 자문기관인 사회개발간담회는 중간 보고에서 경증장애인은 재활rehabilitation을 통해 사회활동에 복귀시키고, 일반 사회에 복귀하기 어려운 중증장애인은 대규모 시설에 수용한다는 방침을 제시했습니다. 이를 계기로 흔히 말하는 '콜로니 구상'이 나왔던 것입니다.

'콜로니'란 원래는 '식민지', '이주지', '이식지'를 의미하는 말이지만, 의미가 바뀌어 '보호, 치료, 훈련 등을 위해 지역사회로부터 떨어진 사람들이 있는 시설의 총칭'을 가리키게 되었습니다(《일본대백과전서》, '콜로니' 항목에서, 이와나가 리에岩永理恵 집필 부분).

당시 신문을 확인해 보면, '콜로니'에는 '장애아동의 마을'이라는 수식어가 붙어 있거나 '종합보호시설'이라고 작게 설명이 붙어 있습니다(〈신체 장애아동 대책을 추진〉, 아사히신문 1956년 9월 5일 자). '마을', '종합보호'라는 말에서 알 수 있듯이 콜로니는 많은 장애인을 오랜 기간 수용하는 것을 상정해 만든 시설입니다.

이리하여 1960년대 말부터 1970년대에 걸쳐 중증심신장애인을 수용하기 위한 시설이 계속해서 건설되었습니다. 당시 건설된 '도쿄도립후추치료교육센터東京都立府中療育センター'(1968년), '아이치현심신장애인콜로니愛知県心身障害者コロニー'(1968년), '오사카부립콘고콜로니大阪府立金剛コロニー'(1970년), '노조미노엔のぞみの園'[5](군마현 다카사키시, 1971년) 등의 시설은 대부분이 지역사회 중심가에서 떨어진 교외에 위치한 대규모 시설이었습니다.

현재는 '노멀라이제이션normalization' 관점에서 중증 장애가 있는 사람도 지역사회에서 생활할 수 있도록 환경을 정비해 나가야 한다는 생각이 주류가 된 지 오래입니다만, 당시는 장애인(아동)을 돌보는 가족의 어려움을 생각하여 장애인(아동)을 전문 복지시설에 들어가 살게 하는 것이 강력히 요구되고 있었습니다.

예를 들어 '노조미노엔'의 건설 진척 상황을 전한 아사히신문(1970년 10월 11일 자)의 표제는 당시의 분위기를 상징적으로 나타내고 있는 것이겠지요.

---

5 [옮긴이] 한국으로 따지면 '소망원', '희망원' 같은 이름이다.

"장애인의 낙원" 완성. 국립 콜로니 수용 준비도 시작.

또 이 기사는 다음과 같은 문장으로 시작하고 있습니다.

신체장애아동을 둔 작가 미즈카미 쓰토무 씨의 〈친애하는 이케다 총리대신 님께〉가 계기가 되어 군마현 다카사키시에 건설된 국립 신체장애인콜로니가 거의 완성되었다.

미즈카미 쓰토무의 〈친애하는〉과 이 콜로니 건설 계획 사이에 어느 정도 직접적인 관계가 있었는지는 확실하지 않습니다. 하지만 적어도 이러한 서술을 통해서 절실한 부모의 목소리에 응답하는 형태로 콜로니 건설이 추진되었다는 일면은 확인할 수 있겠지요.

† 푸른잔디회의 탄생

앞서 소개한 마쓰야마 젠조는 장애아동의 어머니를 "죽창을 든 병사"에 비유했습니다. 1960년대에는 이러한 표현이 사람들의 마음에 생생한 반향을 불러일으켰을 것입니다. 많은 이들이 아시아-태평양전쟁 말기 절망적인 상황에 내몰렸던 국민의 비장한 모습을 떠올렸을 테지요.

이렇게까지 몰린 사람이 괴롭지 않을 리 없었습니다. 하지만 궁지에 몰린 사람에게 의지하며 살아가야만 하는 사람도 괴로웠을 것입니다. 돌봄을 받는 장애인의 입장에서 가족 돌봄의 장렬함을 노래한 시 두 편을 소개하겠습니다.

어머니 母よ

불구의 자식을 등에 업고 不具の息子を背負い

폭 좁은 가파른 계단을 幅の狭い急な階段を

헐떡이며 기어오르는 어머니 あえぎながら這い上がる母よ

나를 미워하오 俺を憎め

당신의 지친 몸에 あなたの疲れきった身に

눈물 흘리며 달라붙어 있는 涙しつつかじりついている

이 나를 미워하오 この俺を憎め

_ 히쿠타 유고, 〈어머니를 향하여 母にむかいて〉 일부.

나의 아침은 어머니를 부르는 것으로 날이 밝고

わたしの朝は母を呼ぶことで明け

나의 밤은 어머니를 부르는 것으로 깊어 간다

わたしの夜は母を呼ぶことで更けてゆく

너무나도 오래 너무나도 많이 반복되어 왔다
あまりにも長く あまりにも多くくり返されてきた
이것은 사랑이 아니라 피의 노동이다
これは愛ではない 血の営みだ

_ 시노노메 편집부, 《뇌성마비의 책脳性マヒの本》

둘 모두 중증 뇌성마비 장애인이 쓴 시입니다.

첫 번째 시는 《시노노메しののめ》라는 문예지에 게재되었습니다. 이 잡지는 장애인 스스로의 손으로 창간·운영된 동인지입니다(1947년 창간). 발행처이기도 한 '시노노메'라는 단체는 1950~1970년대를 중심으로 활발하게 언론·출판 활동을 전개했습니다.

《시노노메》지 자체는 시중에 적게 풀려서 현재 국립국회도서관이나 도쿄도립타마도서관과 같은 전문적인 도서관에서만 열람할 수 있습니다. 그러나 이 '시노노메' 동인들 중에서 나중에 소개할 장애인 운동가가 다수 배출되었습니다. 그런 의미에서 장애인운동판에 큰 영향력을 가진 문예 동인 단체입니다.

두 번째 시가 실린 《뇌성마비의 책》도 이 단체가 발행한 소책자입니다. 뇌성마비 장애인 당사자가 '뇌성마비'라는 장애를 처음으로 해설한 책이라는, 기념비적인 의의가 있는 책입니다.

장애인(아동)의 부모들이 "죽창을 든 병사"처럼 극한 상황에 있는 것이 사회문제화되어 나타나던 무렵, 그 "병사"에게 붙잡힌 장애인들도 삶의 어려움을 자신의 말로 표현하기 시작했습니다.

시에 있는 "나를 미워하오", "피의 노동"이라는 비장함이 서린 말에 당시의 장애인과 그 가족이 처한 곤경이 나타나 있다고 생각할 수 있습니다. 누구에게도 의탁할 수 없고, 주위로부터 고립된 상태에서 분투하며 또 고립되어 있기에 부모와 자식 사이는 더욱 밀착되어 숨을 쉬기 어려워져만 가는—이러한 상황에 놓인 장애인들의 불안이나 삶의 어려움을 받아들인 단체가 이 책에서 중심으로 다룰 푸른잔디회입니다.

그럼 푸른잔디회의 설립 경위를 간단히 정리해 보겠습니다.

이 모임은 일본에서 처음 개설된 공립 지체부자유아학교인 '도쿄시립고메이학교東京市立光明学校'(1932년 개교, 현재의 도쿄도립고메이학원의 전신)의 졸업생이었던 야마기타 아쓰시山北厚, 다카야마 히사코高山久子, 가나자와 에이지金沢英児, 이렇게 뇌성마비 장애인 세 명을 발기인으로 도쿄도 오타구에서 결성되었습니다(또한 이 세 명은 앞서 보았던 '시노노메'의 주요 멤버이기도 했습니다).

초대 회장에 선출된 야마기타 아쓰시는 개회사에서 다음과 같이 말했습니다.

> 지금껏 우리 뇌성마비 환자는 거의 아무런 연결도 없이 각기 따로 자신의 몸에 대해 혼자서 고민하던 상태였고, 그 고민을 서로에게 흉금을 터놓고 숨김없이 털어놓는 공통의 장소를 가지고 있지 않았습니다. (중략)
> 사회의 구석에 틀어박혀 맞은편에서 손을 내밀어 주기를 기다렸다가는 아무리 기다려도 누구도 손을 내밀지 않습니다. 요즘은 이쪽에서 적극적으로 움직이는 것이 필요하기에, 움직임을 보다 효율적으로 하기에는 역시나 전국적인 강력한 조직을 가진 단체가 될 필요가 있는 것입니다.
>
> _ 야마기타 아쓰시, 〈회장이 되어〉

창립 초기 푸른잔디회 회원은 고메이학교 졸업생들로 비교적 부유한 가정에서 자란 장애인들이 많았으며, 활동 내용도 레크리에이션, 차 마시기 모임, 여성을 위한 뜨개질

교실, 취학 기회를 얻지 못한 뇌성마비 아동을 위한 기숙사 개설 등 친목이나 서로 도움을 주고받는 것에 힘을 쏟는 것이었습니다.

당시 많은 장애인이 자택(부모 아래)에서 가족의 돌봄에 기대어 생활하고 있었지만, 경우에 따라서는 '죄인을 가두는 방座敷牢'에 놓인 것처럼 방구석 깊이 숨겨져서 이웃과의 교류는커녕 가족이나 친척의 관혼상제에도 참석하지 못하는 일이 적지 않았습니다.

이러한 상황을 우려한 뇌성마비 장애인들에 의해 푸른잔디회가 결성되었습니다. 푸른잔디회 회원은 특수학교[6] 졸업생 명부 등을 참조하거나 장애인이 있는 가정의 존재를 인편을 통해 들은 다음, 가정을 방문하거나 편지를 주고받으며 신규 회원을 모은 것 같습니다.

친목단체로 시작한 이 모임은 1962년에 제2종 사회복지사업단체로 인가받았습니다. 이 무렵부터 활동의 폭도 넓어집니다. 뇌성마비 장애인들이 생활하기 위한 사회자원이 압도적으로 부족한 시대였기 때문에 그들이 살아가기 위해서는 어떻게든 사회 상황을 개선할 필요가 있었습니다. 그

---

6 [옮긴이] 원문은 양호학교養護学校. 신체장애나 지적장애 아동을 위한 학교로 국내에서는 특수학교라고 쓴다.

래서 푸른잔디회 활동에도 행정기관에 진정을 넣는 등의 사회문제에 대응하는 활동이 추가됩니다.

그들의 주된 현안은 장애복지연금 증액과 신체장애인복지법에서 정한 장애등급 인정의 재검토 등이었습니다. 특히 후자의 장애등급 인정은 뇌성마비 장애인에게 절실한 문제였습니다.

원래 전후의 장애인복지제도는 상이군인을 대상으로 한 시책을 바탕으로 만들어졌습니다. 신체장애인복지법 제정(1949년) 때도 상이군인을 어떻게 처우할 것인가가 큰 과제였으며, 이 법의 장애등급 평가(장애의 경중을 판단하는 기준)도 군인연금 진단 기준이 그대로 쓰였습니다(에토 후미오 江藤文夫, 〈신체장애인 수첩 제도에 관한 최근의 화제〉).

그에 따라 당시의 장애등급 평가에서는 '마비'보다 '결손' 쪽을 중증으로 판정하도록 제도가 설계되어 있었기 때문에 뇌성마비 등의 전신성 장애인[7]이 사지의 (일부) 결손보다도 '장애가 가볍다'고 판정받는 사태가 발생했습니다.

뇌성마비 장애인들이 뭉쳐서 푸른잔디회 같은 운동단체를 만들어야만 했던 배경에는 이러한 사정도 있었습니다.

---

7 [옮긴이] 전신성全身性 장애는 뇌성마비, 경추 혹은 척추의 손상, 근육계통의 질환 등으로 팔다리를 포함한 전신에 운동장애가 발생하는 경우를 가리킨다.

1960년대 말 즈음까지 이처럼 소소하지만 중요한 활동을 하고 있었던 푸른잔디회였지만, 1970년대에 이르러 일약 전국적으로 이름을 날리는 단체가 되었습니다.

원래 푸른잔디회는 지부를 두어서 간토 지역을 중심으로 작은 지부가 몇 개 있었는데, 훗날 장애인운동에 커다란 충격을 준 지부가 1969년에 결성되었습니다.

그것이 푸른잔디회 가나가와현연합회입니다.

가나가와현연합회는 그때까지의 장애인 단체와는 뚜렷하게 선을 긋고 있었습니다. 기존 단체가 주로 진정·계발·친목·상호부조와 같은 활동에 힘을 쏟고 있었던 데 반해, 가나가와현연합회는 장애인 차별에 대한 직접적인 저항 행동을 많이 벌이면서 사회에 충격을 주었습니다.

또 그들의 활동이 《안녕 CPさようならＣＰ》(하라 가즈오 감독, 싯소우 프로덕션, 1972)라는 다큐멘터리 영화로 만들어지고, 널리 공동체 상영 활동이 펼쳐지면서 푸른잔디회 지부가 각지로 퍼져 나갔습니다. 1973년에는 일본뇌성마비자협회 전국 푸른잔디회 총연합회가 결성되기에 이르렀습니다.

푸른잔디회의 확산과 궤를 같이하여 뇌성마비 장애인 이외의 장애인운동도 활성화되었습니다. 1976년에는 장애

푸른잔디회 가나가와현연합회.
ⓒ싯소우 프로덕션(요코즈카 고이치, 《엄마! 죽이지 마》에서 전재).

종별을 넘어 전국 규모의 장애인 단체인 전국장애인해방운동연락회의全国障害者解放運動連絡会議(약칭 '전장연')가 결성되기에 이르러, 반反차별 운동이 뜨겁게 달아올랐습니다.

푸른잔디회가 확산되고 전장연이 결성되었던 1970년대 후반은 장애인들이 주체가 되어 '장애인 차별이란 무엇인가'라는 문제를 치열하게 논의했던 시기라고도 할 수 있겠지요.

이 책에서는 그 불쏘시개와 같은 역할을 다하였던 가나가와현연합회의 운동을 자세히 살펴보려고 합니다.

† 푸른잔디회의 싸움

앞서 이야기한 것처럼 푸른잔디회는 지부를 두고 있었기 때문에 각지에 지부가 있었습니다. 또한 지부마다 특색 있는 활동을 하는 것도 이 모임의 특징 중 하나였습니다.

그렇기에 원래부터도 '푸른잔디회'라고 일괄하여 이야기할 수 없는 다양성을 갖고 있었습니다만, 이 책에서는 표기의 번잡함을 피하기 위해 지금부터 따로 구분하지 않고 푸른잔디회라고 쓰는 경우는 가나가와현연합회를 가리키는 것으로 하겠습니다.

또한 이 모임이 결성되기 이전 초창기 푸른잔디회는 가나가와현연합회와 구별하기 위해서 초기 푸른잔디회라고 쓸 것입니다.

푸른잔디회는 1970~1980년대를 중심으로 장애인 차별을 규탄하는 다양한 저항 행동을 벌였습니다. 이러한 운동들은 종래의 '장애인'이나 '장애인운동'의 이미지를 뒤엎는 획기적인 것이었습니다.

현재 '장애인 차별이란 무엇인가'에 대해 논의할 때 근거로 하는 기본적인 논점이 이러한 저항 행동들 속에서 생겨났다고 말해도 지나치지 않습니다.

이제 모임의 중심적인 활동을 정리해 볼까요.

① 장애아동 살해 사건 감형 탄원 반대운동(5장)

1970년 5월, 가나가와현 요코하마시에서 중증장애(뇌성마비)가 있는 아이가 육아와 돌봄에 지친 엄마에 의해 살해당하는 사건이 일어났습니다.

사건이 일어난 후 엄마를 동정한 주변 주민과 장애아동을 가진 부모들로부터 '불쌍한 엄마에게 이 이상 채찍질해서는 안 된다', '장애아동 거주시설이 부족한 게 비극의 원인'이라는 주장이 제기되었고, 엄마의 감형을 요청하는 서명 활동이 이루어졌습니다.

이 움직임에 대해 푸른잔디회는 '장애인을 살해한 엄마가 무죄 혹은 감형을 받는다면 장애인은 언제 살해당할지 알 수 없게 된다', '부모 입장에서만 시설의 필요성을 호소하고 있다'는 주장을 펼치며 엄마를 감형해 달라는 탄원에 반대하고, 엄정한 재판을 요구했습니다.

이 운동은 장애인에 대한 차별이 '동정'이나 '사랑' 등에 의해 위장되었던 것, 그러한 '동정'이나 '사랑'에 의해 장애인이 살해당한 것(살해당한 일조차 미화되어 버린 것), 부모 입장에서만 장애인 시설의 필요성을 호소하고 있는 것, '장애인은 살아 있어도 불행할 뿐'이라고 일방적으로 결정해 버리는 것 등의 문제를 제기했습니다.

② 우생보호법 개악 반대운동 및 '태아 검사' 반대운동 (7장)

1972~1974년, 당시 정부는 임신부의 인공 임신중절이 가능한 요건을 정한 우생보호법(현재 모체보호법의 전신)에 태아에게서 선천적인 장애가 발견된 경우 중절이 가능하다는 '태아 조항'을 도입하려고 했습니다. 그에 대해 푸른잔디회는 태아 단계부터 장애인을 배제하려 하는 '장애인 말살 사상'의 표출이라며 반대운동을 전개했습니다.

또, 1970년대에는 생식 기술의 발전과 함께 몇몇 지자체에서 임신부를 대상으로 한 '태아 검사'(양수를 채취·분석하여 태아에게 염색체 이상에서 유래한 장애가 없는지 알아보는 검사) 도입을 추진했습니다.

'태아 검사'를 추진하려는 논조 가운데는 장애아동의 탄생(장애아동을 출산하는 일)을 일방적으로 '불행'이라고 규정하는 것이 적지 않았습니다(유명한 사례로 효고현에서 진행한 '불행한 아이 낳지 않기 운동'이 있습니다).

푸른잔디회는 이러한 여론에 강력히 항의했습니다. 특

히 그들이 있던 가나가와현 현립병원에서 진행하던 양수 검사에 반대하여 현청에서 연좌시위를 벌였고, 결과적으로 가나가와 현립병원에서는 이후 일체의 검사를 중지한다는 취지의 약속을 지사에게로부터 받아내기에 이르렀습니다.

태아의 장애 유무를 조사하는 것이 '생명의 선별'이 되어 버리지는 않을까. 장애를 가진 인간이 태아 단계에서 배제된다면, 그것은 장애인이 살아가는 것 자체를 부정하게 되어 버리지는 않을까. 어떤 특정한 장애가 있는 인간을 '지금부터 태어나지 않도록 하는 일'이 지금 그 장애와 함께 살아가고 있는 인간을 차별하는 것으로 이어지지는 않을까. 이러한 논점들이 이 운동을 통해 제기되었습니다.

③ 가와사키 버스 투쟁(6장)

1977~1978년에 걸쳐 당시 푸른잔디회 사무소가 있던 가나가와현 가와사키시 내에서 휠체어 이용자의 버스 승차가 거부된 사례가 계속 발생하여 푸른잔디회와 버스회사 사이에 대립이 발생했습니다.

양측이 대립한 지점은 표면적으로는 버스의 이용 방법(승차 방법)에 관한 것이었습니다.

버스회사는 휠체어 이용자가 승차할 경우 반드시 도우

미가 있어야 하며 휠체어를 접어서 좌석으로 이동하여 앉을 것을 요구하였고, 이에 대해 푸른잔디회는 휠체어를 이용한 외출에 항상 도우미가 함께하는 것은 아니며, 앉기 불편한 버스 좌석으로 이동하는 것보다 익숙한 휠체어에 앉은 채로 승차하여 고정하는 쪽이 안전하다고 주장했습니다.

그렇지만 양측의 대립을 보다 이념적인 차원에서 다뤄본다면 휠체어 이용자의 버스 승차를 시혜적인 것으로 인식하는 버스회사와 당연히 누려야 할 일상생활의 일환으로 버스에 타고자 하는 푸른잔디회의 충돌이라는 구도로 볼 수 있습니다.

현재까지도 휠체어로 대중교통을 이용하는 것에 대한 논의가 이뤄질 때, 시혜적인 관점에서 이야기를 끌고 나가려는 가치관을 접하게 됩니다. 즉, 휠체어에 탄 이용자가 다른 승객에게 폐가 되지 않는다면, 타도 좋다(태워 줘도 좋다→그러므로 조심스럽게 타야 한다)는 관점입니다.

하지만 푸른잔디회가 요구한 것은 보통 사람이 일상적으로 버스에 타는 것처럼 자신들도 버스를 이용하고 싶다는 것이었습니다.

이 문제에 대해서는 푸른잔디회와 버스회사·노동조합·지자체·(당시) 운수성 사이에 논의가 있었지만, 전혀 사태가 호전될 기미가 보이지 않았기 때문에 당시 가와사키시에서는 휠체어를 탄 채로 이들을 끌어올려 버스에 탑승하는 저항 행동이 일어났습니다.

④ 특수학교 의무화 저지 투쟁

(당시) 문부성은 1972년을 첫해로 하여 7개년 계획으로 '전체 대상 학령아동 학생을 취학시키는 데 필요한 특수학교의 정비를 기할 것'을 목적으로 한 〈특수교육확충계획〉을 발표했습니다(문부성, 《학제 백이십년사》). 이른바 '특수학교 의무화'입니다.

이 배경에는 교육기본법에서 정한 '교육의 기회 균등' 이념이 있었습니다. 그때까지 장애가 있는 아이들에게는 의무교육을 유예·면제하는 조치(취학 유예·취학 면제)가 취해지는 일이 많았고, 소학교나 중학교조차 다니지 못한 아이들이 적지 않았습니다.

그러한 상황을 시정하고 취학 유예·면제가 된 아이가 없도록 하기 위한 시책으로 특수학교 의무화가 등장한 것입니다.

이에 대해서는 각종 장애인 단체, 장애아동 부모 모임, 의료·복지·교육 관계자 단체 등의 사이에서 격렬한 논의가 이뤄졌습니다. 장애가 있는 아이라면 특수학교 같은 장소에서 장애아동 교육 전문가로부터 개성에 맞는 특별한 교육을 받는 쪽이 좋다는 입장과 장애가 있는 아이라도 장애가 없는 아이들과 같은 장소에서 함께 교육을 받는 쪽이 좋다는 입장이 부딪혔습니다(전자와 같은 사고방식을 '발달보장發達保障', 후자와 같은 사고방식을 '공동생활·공동교육共生·共育'이라고 부릅니다).

특수학교 의무화에 대해 특히 강경하게 반대를 외친 쪽이 푸른잔디회였습니다. 특수학교 교육은 장애아동을 지역의 인간관계로부터 격리·배제하는 것이 되어 버린다며 전국의 푸른잔디회가 하나로 뭉쳐 반대운동을 전개했습니다. 그 운동은 장애아동의 전·입학을 거부한 소학교에 대한 항의나 문부성 및 각 현 교육위원회에서 행한 연좌시위 등, 격한 실력 행사를 동반했습니다.

이 운동은 현재 흔히 들을 수 있는 '인클루시브inclusive(통합)' 혹은 '다이버시티diversity(다양성)'라고 하는 이념을 통해 문제를 제기했습니다. 교실·학교·사회에는 다양한 배경, 다양한 사정을 가진 사람들이 있습니다. 그러한 개개의 배경·사정을 중시하면서 다른 사람들과 함께 살아갈 수 있는 사회를 만들어 가는 것의 중요성을 주창하는 개념입니다.

이렇게 푸른잔디회가 전개해 온 주요한 저항 행동의 개요를 살펴보았습니다.

이 모임에서 벌인 이러한 저항 행동은 당시에는 '과격'한 것으로 받아들여져서 푸른잔디회라고 하면 '말이 통하지 않는 사람들'로 간주되거나 도저히 받아들일 수 없는 주장을 펼치고 있다고 비판을 받기도 했습니다.

하지만 현재 시점에서 되돌아보면 이러한 저항 행동이 계기가 되어 그 후 '장애인 차별이란 무엇인가'에 대한 논의가 크게 진전된 것도 사실입니다.

'장애인 차별'과 싸워 온 단체가 푸른잔디회뿐만은 아니지만, 장애인 당사자가 '장애인 차별과 싸운다'는 자세를 보여주기 시작하는 데 푸른잔디회가 큰 계기가 되었다는 점 역시 사실입니다. 그런 의미에서 이 모임의 공적을 결코 무시할 수 없습니다.

그렇다면 당시 많은 이들이 '과격'하다고 받아들인 저항 행동을 벌였던 뇌성마비 장애인들은 구체적으로 어떤 사람들이었으며, 어떤 사상을 가지고 있었을까요.

이제 2장에서 그들을 살펴봅시다.

2. 장애인인 채로 살아간다

 1장에서 본 것처럼 푸른잔디회는 주로 1970~1980년대에 걸쳐 장애인 차별에 맞서 저항 행동을 벌였습니다. 이런 행동을 한 뇌성마비 장애인들은 어떤 인물이었으며 어떤 사상을 가진 사람들이었을까요.
 2장에서는 이러한 점에 대해서 살펴보겠습니다.

† 푸른잔디회는 어디에서 왔는가

 1장에서 소개한 수많은 운동을 담당한 푸른잔디회의 주요 멤버는 요코타 히로시橫田弘, 요코즈카 고이치, 고야마 마사요시小山正義, 야다 류지矢田龍司라는 뇌성마비 장애인들이었습니다. 그들에게는 특이하고 공통된 체험이 있었습니다. 마하라바 마을マハラバ村에 참가한 경험입니다.
 마하라바 마을이란 1964년 즈음부터 1968년 즈음에 걸쳐 이바라키현 니하리군 치요다촌(현재 가스미가우라시)

마하라바 마을에서의 어느 날(1965년경). 사진 제공 : 마하라바 문고.
왼쪽부터 요코즈카 고이치, 오사라기 아키라, 요코타 히로시, 고야마 마사요시.

에서 운영되었던 뇌성마비 장애인들의 해방구입니다. 이 곳의 주재자였던 오사라기 아키라大仏空(승려, 사회활동가, 1930~1984년) 스님이 아버지로부터 절(간쿄산 간죠사閑居山願成寺)을 인계받은 후, 뇌성마비 장애인들을 위해 개방하여 함께 생활을 꾸려 나갔습니다.

당시의 마하라바 마을은 교통편이 무척 나빴고, 전기도 들어오지 않는 교외의 산 중턱에 있었습니다. 그런 곳에 신체가 자유롭지 않은 뇌성마비 장애인들이 각지에서 모여들었습니다.

7장에서 자세히 이야기하겠습니다만, 마하라바 마을에서는 뇌성마비 장애인 간의 결혼이 이어졌고, 그 모습이 뉴스에 나와 화제가 되기도 했습니다. 한때 참가자가 20여 명이나 되었던 것 같습니다(요코즈카 고이치, 〈패배한 군대의 병사〉).

이 생활공동체 안에서, 특히 오사라기 스님에게 사상적 감화를 받고 현대 자본주의 사회에서 장애인이 산다는 것의 의미에 대해 깊이 사색한 인물들이 나중에 가나가와현에 모여 푸른잔디회 가나가와현연합회를 설립합니다.

이 멤버들 중에서도 특히 요코타 히로시(1933~2013년)와 요코즈카 고이치(1935~1978년) 두 사람은 푸른잔디회를 이론적·실천적으로 견인하여 그 후의 장애인운동에 무척 큰 영향을 미쳤습니다.

요코타의 저서 《장애인 살해의 사상》(1979년)과 요코즈카의 저서 《엄마! 죽이지 마》(1975년)는 장애인운동의 교과서 같은 역할을 했습니다. 1970~1980년대 장애인운동에 관여했던 사람들 가운데 이 책에 영향을 받은 이가 적지 않았습니다.

이 두 책은 오랫동안 절판된 상태였지만 2000년대 이후 푸른잔디회의 운동을 재검토·재평가 하려는 분위기가 고조되면서 요코타의 책은 겐다이쇼칸現代書館에서, 요코즈카의 책은 세이카쓰쇼인生活書院에서 각각 증보 복간판이 출판되

《엄마! 죽이지 마》, 세이카츠쇼인판   《장애인 살해의 사상》, 겐다이쇼칸판

었습니다(이하, 이 책에서 이 저서들의 인용은 증보 복각판을 기준으로 했습니다).

마하라바 마을에 참가했던 운동가들은 그곳에서 어떠한 사상을 학습했을까요? 마하라바 마을의 사상(또는 오사라기 아키라의 사상)을 간략히 설명하기란 어렵습니다만(상세한 것은 제가 쓴 《차별받는다는 자각은 있는가》를 참조해 주세요), 한 가지만 소개하자면 '장애인이라는 사실에 대한 태도 바꾸기'를 꼽을 수 있습니다.

예를 들어 요코즈카 고이치는 다음과 같이 썼습니다.

"장애인은 일반 사회에 녹아들고자 하는 마음이 강하다. 그것은 '정상인'[1]에 대한 동경이지만, 너희들이 생각하는 만큼 이 사회도, 정상인이라고 불리는 사람들도 그렇게 훌륭하지 않다. 그 증거로 장애인을 차별하고 따돌리고 있지 않은가. 정상인의 사회에 들어가고자 하는 자세를 취하면 취할수록 차별받고 따돌림당하는 것이다. 그러므로 지금 사회에 따져 묻고 바꿔 나가기 위해서 두려움 없이 지금 사회에 등을 돌리고 나아가야 하지 않겠는가."

이러한 말을 수년에 걸쳐 오사라기 선생에게 듣고 또 토론했던 것이다. 그렇다고 복으로 가득한 설법을 듣고 경전 공부에 힘썼다는 것은 아니다. 장애인 특유의 사회성 없음, 서로 간 자아의 부딪힘, 사회에서 차별받고 짓궂게 굴며 돌아다니면서 생긴 인간에 대한 불신과 묘한 어리광, 집에 갇혀 있었기 때문에 얻게 된 빠른 눈치, 남녀관계의 얽힘 등이 소용돌이쳤고, 그것은 장렬할 정도의 인간 드라마였다.

_《엄마! 죽이지 마》, 113~114쪽.

---

1 [옮긴이] 일본어에서는 장애인에 대칭되는 비장애인을 지칭할 때 '건전자健全者' 혹은 '건상자健常者'라는 용어를 쓴다. 한자 뜻을 그대로 풀이하자면 '건강하고 온전한 사람' 또는 '건강하고 정상인 사람'이라는 의미이다. 한국에서는 비장애인이라는 용어가 점차 자리 잡고 있지만 '일반인' 혹은 '정상인'이라는 용어가 여전히 많이 사용된다. 일본어의 '신체 건강한 사람'이라는 뉘앙스는 한국어에서 '정상인'이 가진 뜻에 가깝다고 판단하여 이 책에서는 '정상인'으로 옮겼다.

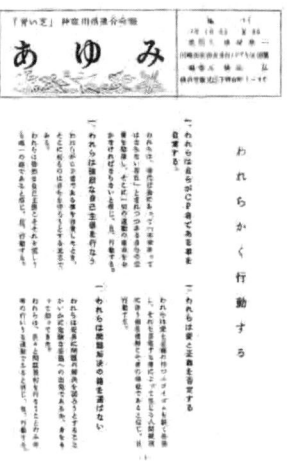

'행동강령' 초출.
《아유미あゆみ》 11호, 1970년 10월 발간.

장애인은 '정상인'의 마음에 들려고 해서는 안 된다. 장애인이 해야 할 일은 '정상인'으로 인정받기 위해 '정상인'에 가까워지려고 노력하는 것이 아니라 '정상인'이 만든 사회의 가치관 자체를 따져 묻고 등을 돌려 나아가는 것이다.

그들은 마하라바 마을에서의 공동생활을 통해 이러한 생각을 다져 나갔습니다.

그 후, 마하라바 마을을 경험한 멤버들은 가나가와현(특히 요코하마·가와사키 방면)에 모여 푸른잔디회 가나가와현연합회를 결성했고(1969년), 1장에서 소개한 것처럼 전례 없는 장애인운동을 전개해 나갔던 것입니다.

† 행동강령 '우리는 쓰고 행동한다'

푸른잔디회는 하나의 테제를 공유했습니다. '푸른잔디회 행동강령 우리는 쓰고 행동한다'(이하 '행동강령'으로 표기)

라는 테제입니다.

이 테제는 1장에서 소개한 친모에 의한 뇌성마비 아동 살해사건(이에 대해 5장에서 자세히 서술하겠습니다)을 계기로 요코타 히로시에 의해 기초되었습니다. 여기에는 분명하게 마하라바 마을에서의 경험이 새겨져 있습니다.

> 우리는 쓰고 행동한다.
> 하나. 우리는 스스로가 뇌성마비CP자임을 자각한다.
> 우리는 현대사회에서 '본래 없어야 하는 존재'로 되어 있는 자신의 위치를 인식하고 거기에 일체의 운동 원점을 두어야 한다고 믿으며, 또한 행동한다.
> 하나. 우리는 강렬한 자기주장을 행한다.
> 우리가 뇌성마비자임을 자각했을 때, 그때 일어나는 일은 자신을 지키고자 하는 의지이다.
> 우리는 강렬한 자기주장만이 그것을 이루는 유일한 길이라고 믿으며, 또한 행동한다.
> 하나. 우리는 사랑과 정의를 부정한다.
> 우리는 사랑과 정의가 가진 에고이즘을 날카롭게 고발하며, 그것을 부정함으로써 생겨나는 인간 응시에 따른 상호 이해만이 진정한 복지라고 믿으며, 또한 행동한다.

하나. 우리는 문제 해결이라는 길을 선택하지 않는다.
우리는 쉬운 문제 해결을 꾀하는 것이 얼마나 위험한 타협으로 가는 출발점인지, 몸소 알아 왔다.
우리는 계속해서 문제를 제기하는 것만이 우리가 할 수 있는 운동이라고 믿으며, 또한 행동한다.

이 '행동강령'은 발표 초기에는 너무나도 과격하다고 푸른잔디회 동료들로부터도 반발을 샀던 것 같습니다. 하지만 푸른잔디회가 반차별 투쟁을 진행함에 따라 여기에 쓰인 문구의 중요성이 인식되고 공유되었습니다.

그 후, 이 강령은 전국 푸른잔디회 총연합회 전체의 '행동강령'으로 채택되기에 이르렀습니다. 그때 다음의 1개 항이 추가되어 현재는 5개 항으로 정착되었습니다.

하나. 우리는 정상인 문명을 부정한다.
우리는 정상인이 만들어 온 현대 문명이 우리 뇌성마비자를 쫓아냄으로써만 성립되어 왔다는 것을 인식하고, 운동 및 일상생활 속에서 우리의 독자 문화를 창출하는 것이 현대 문명에 대한 고발로 통한다고 믿으며, 또한 행동한다.

이 '행동강령'에 관해서는 특히 제3항 '사랑과 정의를 부정한다'와 제4항 '문제 해결이라는 길을 선택하지 않는다'에 비판이 집중되었습니다. 제3항은 인간의 선의를 부정하는 폭력적인 메시지로 보이고 제4항은 비판을 위한 비판일 뿐 '답'이나 '대안'을 제시하지 않는 무책임한 태도로 보입니다.

푸른잔디회는 이러한 '행동강령'을 내걸었을 뿐 아니라 실제 운동 현장에서도 연좌농성 등을 벌이면서 자주 실력을 행사했기 때문에 때로는 '말이 통하지 않는 과격 집단'이라는 이미지를 갖게 되기도 했습니다.

하지만 한편으로 그들의 주장에 공명하는 장애인들도 적지 않았습니다. 항상 위에서 내려다보는 시선으로 대하는 '정상인'들을 비판하며, 장애인으로 산다는 것을 명확하게 보여준 이러한 주장에 상쾌한 해방감을 얻은 사람도 있었던 것입니다.

예를 들어 소아마비 후유증에 의한 중증 장애가 있었던 김만리金滿里는 '행동강령'에 대해 다음같이 쓰고 있습니다.

나는 시설에서 자랐고 여러 가지를 보아 왔기에 그들이 말하는 바를 정말로 잘 알았다. 이치가 아니라 감각·실감이라는 부분에서 이 행동강령이 무척 좋아졌던 거다.

이유는 몰라도 통쾌함이 있었다. 나도 시설에 있던 때부터 여러 가지 일들을 냉철히 바라보던 사람으로서, 위안이 되는 한때의 말로 구원받았기 때문은 아니라고 생각했다. 그런 나의 마음속에 이 행동강령은 쿵 하고 떨어졌다. 한때의 위안이 되는 모든 말들은 목숨을 앗아 갈 수 있다, 표면에 드러난 그 깊은 속을 봐라, 현실의 있는 그대로를, 먼저 자신을 직시하라. 이렇게 말하는 행동강령은 사랑이나 정의마저도 부정하고 있어 꽤나 세간의 반감을 샀다. 그러나 나는 원래 사랑이니 정의니 하는 것은 믿지 않았다. 내가 살아온 것은 그런 것과는 무관한 세계였으며, 무엇보다 말로 남에게 떠넘겨 버리면 변변치 못한 물건이 되는 것이다. 이 사랑과 정의라는 것은.

_《삶의 시작生きることのはじまり》, 97쪽.

이러한 해방감을 얻은 장애인들에 의해 1970년대를 중심으로 장애인 차별에 대한 격렬한 저항운동이 전개되었던 것입니다.

† 푸른잔디회의 특이점

푸른잔디회의 주장이나 행동은 그때까지 장애인 단체에서 제기했던 것과는 전혀 성질이 다른 것이었습니다.

조금 거친 정리가 되겠습니다만, 푸른잔디회가 등장하기 이전에 장애인 차별이라는 것은 주로 "장애인을 향한 '상냥함'이나 '배려'가 없는 것"을 뜻했고, 장애인 차별이 일어나는 원인도 "장애인을 향한 '상냥함'이나 '배려'가 부족하기 때문"이라고 생각되는 경우가 많았다고 할 수 있겠습니다. 지금도 이런 인식을 가진 사람이 적지 않을지도 모르겠습니다.

그러나 푸른잔디회는 장애인을 향한 '상냥함'이나 '배려'라는 감정 그 자체가 '차별'이라고 지적했습니다. 혹은 이러한 감정이 '차별'을 조장하고 잘 보이지 않게 만드는 것이라고 호소했습니다.

당시 이러한 주장은 일부 지지를 얻기도 했습니다만, 대다수 사람들에게는 '특이'(혹은 '이상')한 것으로 받아들여졌습니다.

그렇다면 구체적으로 푸른잔디회의 어떠한 주장과 행동이 '특이'한 것으로 받아들여졌을까요. 앞서 소개한 요코즈카 고이치의 《엄마! 죽이지 마》를 바탕으로 네 가지로 정리해 보겠습니다.

① 푸른잔디회는 장애인 차별에 대해 명확하게 '싸운다'는 자세를 보였습니다.

 푸른잔디회 이전에도 장애인 단체는 존재했고, 장애인 운동도 존재했습니다. 하지만 그 운동을 이끌었던 이들은 주로 장애인의 부모나 의료·교육·복지 전문가들이었습니다. 운동의 내용도 함께 고생하는 부모들의 친목·상호부조나 행정기관을 향한 진정, 사회 계몽 등이 중심이었고, 장애인 스스로는 어떤가 하면 부모나 전문가들에게 '보호받는 입장'에 있었다고 할 수 있겠지요.
 반면 푸른잔디회는 장애인 당사자들이 중심이 되어 스스로 거리에 나가 마이크를 쥐고 장애인 차별 반대를 외쳤습니다. 장애인 당사자가 장애인 차별에 대해 분노의 목소리를 낸 최초의 단체라 해도 과언이 아니며 '고발형 운동'의 전형적인 사례로 평가되기도 합니다(쓰다 미치오津田道夫 외, 《장애인의 해방운동障害者の解放運動》).

② 푸른잔디회는 그때까지 '상식'이라 여겨진 가치관에 대해 장애인의 입장에서 거절 의지를 드러냈습니다.

당시 언론매체 등에서는 장애인에 관한 문제를 보도할 때 '불행하고 불쌍한 장애인'에게 '상냥함', '동정', '배려'를 보내는 것은 '좋은 일'이라는 논조가 드물지 않았습니다. '장애인 차별'이라는 문제에 관해서도 '사랑과 정의'라는 숭고한 개념을 통해 극복해 나갈 수 있다고 믿는 사람이 많았을 것입니다.

그러나 푸른잔디회는 '행동강령'에서 '사랑과 정의'를 부정했습니다. 그러한 '상냥함', '동정', '사랑', '정의'라는 가치관 자체가 장애인을 향한 차별로 이어진다고 외친 것입니다.

'장애인의 부모'를 비판했다는 점에서 이러한 푸른잔디회의 주장이 상징적으로 드러나고 있을 테지요.

그때까지 '장애인의 부모'라고 하면 장애인에게는 최대의 아군이며 장애인의 일을 가장 잘 이해하고 있는 존재로 생각되었습니다. 또 사람들은 사회생활을 영위하기 어려운 장애인에게 가장 행복한 일은 이러한 부모의 보호를 받으며 살아가는 것이라고 믿었습니다.

하지만 푸른잔디회는 오히려 부모가 장애인을 억압하는 최대의 적이라고 비판했습니다. 그들은 다음과 같이 주장했습니다.

장애인의 부모는 우리 아이를 지키지 않으면 안 된다는 책임감에서 장애인의 모든 것을 감싸안으려고만 한다. 그러한 부모의 자세가 장애인이 사회에서 살아가기 위한 기회나 힘을 뺏어 버린다. 또 세간에 만연한 장애인에 대한 차별적인 가치관은 때때로 장애인의 가장 가까이 있는 부모를 통해서 나타난다. 그렇기 때문에 우선 부모를 비판해야만 한다.

요코즈카 고이치는 다음과 같이 썼습니다.

부모의 권력 아래 붙잡혀 있는 뇌성마비자(아동)는 장래 한 가정의 책임자가 되거나 어머니가 되도록 가정교육을 받지 못하고, 몇 살이 되어도 아기 취급을 받으며 한 사람의 인간으로서 사회성을 기를 기회를 빼앗겨 왔던 것이 지금까지 우리가 처한 현실이었다. 우리가 사회의 부당한 차별과 싸울 경우, 우리 안에 있는 아기와 같은 성질, 즉 부모가 말하는 대로 따르는 것, 바꿔 말하자면 부모로 대표되는, 상식이 된 차별의식에 무비판적으로 종속되어 버리는 것이 문제였던 것이다. 우리의 운동이 진정 뇌성마비자의 입장에 서서 그 존재를 주장하는 것이라면 우선 부모를 통해 우리 위에 덧씌워진 상식이 된 차별의식과 싸우지 않으면 안 되고 그것을 위해서는 자신의 부모라는 수갑과 족쇄를 끊어 내지 않으면 안 된다. 즉, 부모로부터의 독립(정신적으로도)이 선결되어야 한다.

_《엄마! 죽이지 마》, 25~26쪽.

이러한 '부모 비판'과 연동하여 그들은 '시설'도 비판했습니다.

1장에서 본 것처럼, 1960년대부터 1970년대에 걸쳐 일본 각지에 대규모 거주시설이 정비되었습니다. 그러한 시설이 '장애인의 낙원'으로 보도되었던 것도 제1장에서 소개했습니다.

하지만 푸른잔디회는 사회가 장애인을 보기 좋게 배제하기 위해 이러한 거주시설을 만든 것이라고 비판했습니다. 그러면서 부모 아래도 아니고 시설도 아닌, 지역사회에서 다른 이들이 평범하게 살아가는 것과 똑같이 장애인도 평범한 생활을 하고 싶다고 주장했습니다.

그들 사이에서 '부모 비판'과 '시설 비판'이 연동된 것에는 이유가 있습니다. 푸른잔디회가 처음으로 대외 운동을 전개한 계기가 되었던 일은 1970년 5월, 요코하마에서 발생했던 친모에 의한 장애아동 살해사건이었습니다(5장에서 자세히 서술합니다).

당시 이처럼 부모에 의한 장애아동 살해사건이 발생할 때마다 '시설만 있었다면 막을 수 있었다'라는 의견이 나왔습니다. 푸른잔디회는 그런 의견에 대해 부모 입장에서만 시설의 필요성을 호소하고 있다며 맹렬하게 반대했던 것입니다.

③ 푸른잔디회는 '장애인이라는 사실을 긍정한다'라는 자세를 취하고, 장애를 '극복'하거나 '치료'한다는 사고방식을 거부했습니다.

그때나 지금이나 '장애인'이라고 하면 '불행', '불쌍함', '열등하다'라는 부정적인 가치관으로 파악하는 경우가 적지 않습니다. 때문에 장애인이 장애를 가볍게 만들기 위해 노력하는 것은 당연한 일이며 그런 노력을 아끼지 않는 장애인을 '훌륭'하다고 평가하는 경향이 있습니다.

그러나 푸른잔디회는 왜 장애인이 장애인인 채로 살아가면 안 되는지 거꾸로 사회의 가치관에 반문했으며 같은 장애를 가진 동료들을 향해서도 '정상인 환상'에 빠져 있다고 엄중히 꾸짖었습니다. 요코즈카 고이치에 의하면 '정상인 환상'이란 다음과 같은 사고방식을 뜻합니다.

> 우리 장애인의 의식구조는 장애인 외에는 모두 괴로움도 고민도 없는 완전한 인간인 것처럼 착각하고 정상인을 지상목표로 삼도록 되어 있습니다. 즉, 정상인은 바르고 좋은 사람이며 장애인이란 존재는 잘못된 것이기 때문에 한 걸음이라도 정상인에 가까워지고 싶다는 것입니다.
>
> _《엄마! 죽이지 마》, 64쪽.

장애인이 '장애'를 부정적인 가치관으로 파악해 버리면 그것은 피할 수 없는 자기부정으로 이어지게 됩니다. 지금에야 '장애는 개성'이라는 표현처럼 장애 그 자체를 긍정적으로 파악하고자 하는 풍조가 있습니다만, 그것도 따지고 보면 이러한 푸른잔디회의 주장에서 파생된 것입니다.

④ 푸른잔디회는 현대 자본주의 사회 및 자본주의적 가치관을 비판했습니다. 인간을 '일할 수 있는/일할 수 없는'이

라는 기준으로 나누고 서열화하는 것과 같은 식의 합리주의적·경제주의적 가치관에 대해 맹렬히 반대했습니다.

> 현재 일본에서 일을 한다는 것은 특히 장애인의 경우 물건을 생산한다는 것과 동의어로 쓰이고 있습니다. 물자를 생산하는 것만이 '정의'라면 중증장애인은 물론 조금 능률이 떨어지는 경증장애인이더라도 장애인은 희망이 없는 존재라고밖에 말할 수 없습니다.
>
> _《엄마! 죽이지 마》, 54쪽.

푸른잔디회는 '일하다=선善'이라는 가치관을 뿌리째 부정했습니다. 인간은 일하지 못한다면, 살아서는 안 되는 것인가. 어떻게 해도 일할 수 없는 인간은 차별받아 마땅한가. 이렇게 호소했던 것입니다.

지금도 대대수가 장애인에게 '삶의 보람'으로서 '일'을 갖게 하는(주는) 것이 '좋다'라고 생각합니다(그렇게 생각하는 사람이 많다고 생각합니다). 하지만 푸른잔디회는 이러한 가치관을 부정했던 것입니다.

'일하다=선'이라는 가치관을 부정하는 사상은, 온몸에 장애가 있는 뇌성마비 장애인들이었기 때문에 생겨난 것이라고 생각합니다. 예를 들어 장애인 중에 길거리나 건물의 물리적인 턱을 제거하기만 하면 장애가 없는 사람들과 섞여도 손색없을 정도로 일할 수 있는 사람도 있겠지요. 하지만 푸른잔디회에 모였던 중증 뇌성마비 장애인들 가운데는 휠체어에 계속 앉아 있는 것 자체가 곤란할 정도로 온몸에 무거운 장애가 있는 사람도 적지 않았습니다.

어떻게 해도 생산활동에 종사할 수 없는 중증장애인이 '일하다=선'이라는 가치관을 받아들인다면, 항상 자신의 삶의 의미를 부정해야만 합니다. 따라서 그들은 '일하다=선'이라는 가치관을 거부했습니다.

일할 수 있을 정도의 경증장애인은 일하는 것에서 삶의 보람을 찾고, 일할 수 없는 중증장애인은 노동 이외의 일에서 삶의 보람을 찾으면 되지 않을까. 그렇게 생각하는 사람이 있을지도 모르겠습니다.

그러나 푸른잔디회는 그러한 사고방식을 택하지 않았습니다. 그들 자신의 경험으로 이러한 생각이 '차별'을 재생산한다는 것을 알고 있었기 때문입니다. 요코즈카 고이치는 다음과 같이 쓰고 있습니다.

> 장애인은 기업 내에서는 대부분의 경우 깍두기에 지나지 않지만,

이 깍두기가 일단 장애인 동료 곁으로 돌아오면 '나는 일하고 있어, 너희들과는 달라'라며 자신보다 중증의 장애를 가진 일할 수 없는 사람을 얕보며 어깨를 으쓱하는 것입니다.

_《엄마! 죽이지 마》, 53쪽.

'일하다=선'이라는 가치관은 장애인들 사이에 "누가 더 '정상인'에 가까운가"라는 서열화의 역학을 갖고 들어오게 됩니다. 따라서 푸른잔디회의 운동은 장애인도 일할 수 있는 직장·고용 환경의 개선을 요구하는 방향으로 나아가지 않았으며 오히려 '노동'이라는 개념 자체를 뒤집어 새롭게 정의하는 방향으로 나아갔습니다.

우리 장애인은 한 묶음도 되지 않는 이삭을 줍는 것만으로 혹은 밭에 물이 들어오는 정도를 보고 있는 것만으로도 괜찮다고 이야기되어야 하며, 덧붙여 말하면 누워 있기만 하는 중증장애인이 기저귀를 갈 때 허리를 들려고 혼신의 힘을 다하는 것이 그 사람에게 있어 중노동으로 여겨져야 하는 것입니다. 그와 같은 일이 사회적 노동으로 인정되어야만 할 것이며 그러한 사회구조를 목표로 해야 한다고 생각합니다.

_《엄마! 죽이지 마》, 56~57쪽.

요코타 히로시도 《장애인 살해의 사상》에서 '자기 생명을 연소시키는' 것 자체를 '노동'이라고 파악하고 있습니다. 즉, 중증장애인에게는 살아가는 것 자체가 노동으로 긍정되어야 한다고 주장하는 것입니다.

또 요코즈카 고이치는 노동할 수 없는 장애인은 스스로가 '불합리한 존재'임을 나타내는 것 자체에 그 존재 의의가 있다고 주장했습니다.

> 어쨌든 장애인은 불합리한 존재의 전형이며 그렇기 때문에 인간이란 무엇인가를 되돌아보기에 좋은 재료이자 살아 있는 본보기일 것입니다. (중략) 우리가 쓸데없이 '정상인'을 숭배하고 동경하지 않고, 합리화를 향해 질주하며 인간성을 돌아보지 않는 '정상인'의 사회체제가 우리 장애인을 규격에 맞지 않는다고 계속해서 소외시킨다면, 우리는 어디까지나 불합리한 존재라는 자각에 기반하여 우리의 운동을 이어 나가야만 할 것입니다.
> 그렇게 하는 것이 우리 중증장애인의 사명이며 가장 유의미한 사회참여라고 생각합니다.
>
> _《엄마! 죽이지 마》, 84~85쪽.

조금 미리 이야기하자면, 그들의 운동에는 '인간'의 정의를 재구축하려는 커다란 주제가 잠재되어 있었다고 생각합니다(7장 참조).

† '상식'과 싸우다

푸른잔디회에 참여한 뇌성마비 장애인 중에는 장애인은 세상에 폐를 끼치지 말고 다른 사람으로부터 귀여움을 받거나 동정받는 것이 중요하다고 배워 온 사람이 적지 않았습니다. 당시는 그것이 사회의 '상식'이었기 때문입니다.

그러나 푸른잔디회는 그러한 '상식'에 되물었습니다. 장애인 당사자가 거리로 나와 마이크를 쥐고 연설하고, 장애인과의 대화에 응하지 않는 관공서에 몰려가 농성을 벌였으며, 장애아동의 입학·등교를 거부한 학교에 대해서 저항 행동에 나서곤 했습니다.

이처럼 '사회에 맞서는 장애인'의 모습에 많은 사람이 충격을 받았습니다. 당시 사람들은 푸른잔디회 운동가들에게 종종 다음과 같은 말을 던졌다고 합니다.

> "애써 불쌍하다고 생각하고 있었는데, 왜 이렇게 제멋대로인 짓을 벌이는 거냐?"

"좀 더 온건하게 이야기하지 않으면 사람들의 동의를 얻을 수 없어."

푸른잔디회가 싸운 것은 장애인을 향한 이러한 가치관 그 자체였다고 할 수 있겠지요.

푸른잔디회는 장애가 있는 사람과 없는 사람이 '사이좋게 지낸다', '서로 이해한다'는 식의 생각도 거부했습니다. 현재 사회에서 양자의 관계가 결코 대등하지 않은 이상 장애인 측에 '이해받도록 노력할 것', '걸음을 맞춰 사이좋게 지내기 위해서 참을 것'이라는 압력이 가해질 게 명백하기 때문입니다.

푸른잔디회가 보여준 이러한 사회를 향한 대결 자세를 상징하는 말이 있습니다. '정상인'입니다. 기본적으로는 '장애가 없는 자'를 의미하는 말입니다만, 푸른잔디회가 사용할 때는 독특한 어감이 포함되었습니다.

그들은 이 말에 어떠한 생각(혹은 전략적 의도)을 담았던 것일까요.

이를 다음 장에서 생각해 봅시다.

3. '건전자'란 누구인가

2장에서 수많은 반차별 투쟁을 벌였던 푸른잔디회의 사상에 대해 설명했습니다. 거기서 인용한 글 가운데 종종 '건전자(정상인)'라는 말이 나왔었다는 사실을 알아채셨으리라 생각합니다.[1]

푸른잔디회는 지극히 의식적으로 '장애가 없는 사람'을 '건전자'라고 불렀습니다. 그때 이 말은 단순히 '장애인'의 반대말(즉 '장애가 없는 사람')로 쓰인 것이 아니라 좀 더 독특한 어감을 담고 있었습니다.

그 어감을 한발 더 나아가 표현한다면 '장애인과 대립 관계에 있는 건강한 사람' 혹은 '장애인을 차별하는 입장에 서 있는 건강한 사람'이라고 할 수 있을까요?

덧붙여 요즘에는 '장애'라는 개념 자체도 다양해지고 있기 때문에 '장애인/건전자'로 나누는 이항대립적인 도식

---

1 [옮긴이] 앞에서는 한국어의 용례에 맞게 '건전자' 혹은 '건상자'를 '정상인'으로 옮겼으나 3장에서는 두 용어의 차이를 설명하고 각 용어의 용례를 달리하여 쓰고 있기 때문에 일본어 그대로 '건전자'와 '건상자'로 옮겼다.

에 위화감을 느끼는 사람도 적지 않을 테지요.

자칫 '장애'를 '무언가를 할 수 없는 것'이라고 생각하기 쉽습니다만, 애초에 '할 수 있는 것'과 '할 수 없는 것'의 경계선은 문맥이나 상황에 따라 달라지는 것입니다(예를 들어 '발달장애'나 '정신장애' 등의 영역에서 '장애'를 생각할 때는 '할 수 없는 것'의 정도를 색이 차차 변하는 것gradation과 같은 이미지로 이해하기도 합니다).

사람이라면 누구나 정도의 차이가 있을 뿐 '할 수 없는 것'을 갖고 있기 때문에 그런 의미에서 '장애'와 관련이 없는 사람은 존재하지 않을지도 모릅니다.

그렇지만 푸른잔디회가 가장 정력적으로 활동했던 1970~1980년대에는 '장애인'과 '건전자'를 명확하게 나누어서 인식했습니다. 혹은 그때는 한번에 명확하게 구분되어 보이는 것을 중요하게 여겼다고 바꿔 말할 수도 있을 것 같습니다.

'장애인'이라는 정체성을 가진 사람과 '건전자'라는 정체성을 가진 사람이 때로는 손을 맞잡고, 때로는 부딪히고, 시행착오를 거듭하면서 운동을 진행해 나갔다는 점이 1970년대 장애인운동의 특징입니다.

중요한 것은 푸른잔디회가 장애인 차별에 저항하고

싸워 나가기 위해 '건전자'라는 독특한 용어를 필요로 했다는 점입니다. 어째서 차별과 싸우는 데 이러한 용어가 필요했을까요.

이번 장에서는 그 점에 대해 생각해 보겠습니다.

† '장애인이 아닌 사람'을 뭐라고 부를 것인가

'건전자健全者'에 대해 생각하기 전에, 비슷한 용어인 '건상자健常者'부터 생각해 봅시다.

실은 '건전자'도 '건상자'도 의학계에서는 옛날부터 존재해 온 용어로 메이지 시기의 의학 논문 등에서 이미 용례를 찾을 수 있습니다. 주로 의학자들이 사용했던 이 용어들은 1970~1980년대 즈음부터 장애인운동이나 사회복지 영역에서 빈번하게 쓰이기 시작했습니다.

예를 들면 아사히신문의 해설란인 '용어'(1981년 2월 6일 자)에서는 '건상자'라는 말에 대해서 다음과 같이 해설했습니다.

심신장애가 없는 사람을 뜻한다. 올해는 국제 장애인의 해라고 해서 이 생소한 용어가 신문이나 텔레비전, 잡지 등에 자주 등장하게 되었지만, 실제로는 더 이전인 심신장애인대책기본법이 만들어진 쇼와 45년[1970년]쯤부터 복지사업 관계자들 사이에서 심신장애인의 반대말로 관습적으로 쓰여 왔다.

또 요미우리신문 해설란 '미니 해설'(1981년 3월 24일 자)에서는 다음과 같이 쓰고 있습니다.

> 올해는 '국제 장애인의 해'를 맞아 장애인을 지칭하던 '불구폐질不具廢疾자' 등 불쾌한 용어를 법률·조례에서 추방하겠다는 용어 개정 운동이 거세어져 가는 가운데, 눈에 띄기 시작한 말이 이 '건상자'이다.
> 이 말의 의미는 장애인의 "반대말"로 '신체적으로 장애가 없는 사람', 즉 오체만족五體滿足한 사람이다. 후생성은 언제부터 쓰이기 시작했는지 명확하지 않지만 주로 장애인 관계 단체 사람들이나 장애인 문제에 관해 잘 알고 있는 사람이 쓰고 있는 용어라고 설명하고 있다.

국제 장애인의 해란 장애인의 '완전 참여와 평등'을 주제로 국제연합UN이 각 가입국에 계획적으로 과제 해결에 나설 것을 촉구한 해를 의미합니다. 두 기사 모두 국제 장애인의 해를 전후하여 '건상자'라는 용어를 접할 기회가 늘어났다는 사실을 지적하고 있습니다.

일본에서도 국제 장애인의 해를 계기로 '장애'나 '장애인' 관련 용어를 다시금 생각하게 되었습니다. 사실 그렇게 된 것은 1982년까지도 법률용어에 '불구폐질'이라는 엄숙하고도 예스러운 용어가 존재하고 있었기 때문입니다. 그러한 용어도 〈장애와 관련된 용어 정리에 관한 법률〉(1982년)에 의해 '중증 장애', '장애', '장애 상태'라는 적당한 용어로 바뀌었습니다.

국제 장애인의 해의 주제는 '완전 참여와 평등'입니다. '장애인'과 '장애인이 아닌 사람'이 함께 사회에 참여할 때, '장애인이 아닌 사람'의 호칭이 정해져 있지 않으면 불편합니다. 그렇게 해서 '복지 사업 관계자'나 '장애인 관계 단체 사람들이나 장애인 문제에 관해서 잘 알고 있는 사람'들이 사용하던 말인 '건상자'가 일반 미디어에도 등장할 기회가 늘어나게 되었던 것이지요.

단, 아사히·요미우리 신문의 두 해설 모두 '건상자'라는 용어가 내포한 문제에 대해서도 언급하고 있습니다.

장애인은 물론 공무원, 복지사업 관계자 중에서 건상자를 '건강하고 정상인 사람'을 줄인 말이라고 하면, 그에 대비하여 장애인은 '건강하지 않고 이상한 사람'이 되어 버리는 것 아닌가라는 거부감을 느끼는 사람도 있다. 뇌성마비자 단체에서는 '건전자'라는 용어를 사용하고 있으며 장애인 단체 가운데서는 좀 더 적절한 표현은 없을지 용어의 교체를 검토하고 있는 곳도 있다.

_ 아사히신문

유럽과 미국, 특히 미국의 경우 '장애인DISABLED PERSON'이라는 용어 자체가 신체가 부자유한 사람들에게 불쾌한 울림을 준다는 생각이 강해지고 있으며 "오체만족한 사람"과 구별하는 듯한 말투를 피하려는 경향이 있다고 전해진다. '마음의 복지는 우선 용어의 배려부터'라는 발상이 근저에 깔려 있기 때문에 건상자, 난청자難聽者에 반대되는 건청자健聽者 등의 말들도 그런 의미에서 삼가야 할 것이다.

_ 요미우리신문

최근에는 '쇼우가이샤障害者(장해자)'를 '쇼우가이샤しょうがい者(장해자)'나 '쇼우가이샤障がい者(장애자)'로 표기하거나 '쇼우가이샤障碍者(장애자)'라는 식으로 한자의 일부를 바꿔서

쓰는 경우도 있습니다.[2] 이와 같은 방식들도 국제 장애인의 해 이후 이어진 논의의 연장선상에 있다고 생각해도 좋을 것입니다.

참고로 'しょうがい', '障がい'라는 표기는 '장障', '해害'라는 부정적인 뉘앙스를 띤 한자를 피하기 위한 것이라고 생각할 수 있습니다. 어떤 특정한 사람들이 마치 '해'를 끼치는 존재인 양 쓰인 호칭을 사용하고 싶지 않다는 심정적인 이유가 작용했습니다만, 실제로는 '장해'라는 표기를 특별한 저항감 없이 사용하고 있는 개인·단체도 적지 않습니다.

이렇게 변화한 이유도 최근에 '장애'를 '사회적 모델'로 파악하는 사고방식이 주류가 되고 있기 때문입니다. '장애'란 그 사람의 신체(의 일부)가 움직이지 않는 것이 문제가 아니라 그런 사람들의 존재를 고려하지 않고 만들어진 사회구조(하드웨어 및 소프트웨어) 쪽에 문제가 있다고 파악하는 사고방식입니다.

그렇게 생각하면 '장해자'도 '개선되어야 할 사회구조가

---

2 [옮긴이] 이는 일본어에서 한자를 그대로 표기하거나 한자의 발음을 히라가나로 표기하는 방식을 보여준다. 한자로 된 '장해자障害者'의 발음이 '쇼우가이샤しょうがいしゃ'이고, '장해'가 아니라 한국처럼 '장애'로 쓰는 '장애자障礙者'의 발음도 '쇼우가이샤'로 동일하다. 한국식 한자는 간체자를 쓰지 않기 때문에 '碍'의 본래 글자인 '礙'를 사용한다. 책의 전체적인 번역어를 '장애인'으로 통일했지만 여기서는 일본식 한자를 사용한 용어의 의미 변화 등을 설명하고 있기 때문에 원문을 그대로 살려서 옮겼다.

오히려 장애가 되어 사회참여가 막혀 있는 사람들', '그러한 장애에 직면해 있는 사람들'이라는 의미가 됩니다.

덧붙여서 저는 '장애障碍'라는 표현을 사용하지 않습니다. 원래 '장애'는 불교 용어로 '쇼우게しょうげ'라고 읽는 말인데, '불도에 방해가 되고 지장이 되는 것'을 의미하는 말이기 때문입니다.

† '건전자'의 어감

여기서 다시 앞서 살펴본 아사히신문의 해설란을 살펴봅시다. 해설 중에 "뇌성마비자 단체에서는 '건전자'라는 용어를 사용하고 있으며"라고 되어 있습니다. 명시하고 있지는 않지만 푸른잔디회를 염두에 두고 쓴 것으로 받아들여도 되겠지요.

확실히 '건전자'라는 말은 푸른잔디회라는 단체의 이념을 상징적으로 드러내 주는 것이지만, 원래 푸른잔디회만이 말을 쓰고 있던 것은 아니었으며, 푸른잔디회도 처음부터 특유의 의미를 담아서 쓴 것은 아니었습니다.

그러면 장애인운동에서 '건전자'라는 말이 언제쯤부터 독특한 무게를 갖기 시작했을까요.

'건전자'라는 말이 장애인 당사자에 의해 사용된 사례는 1950년대 중반부터 보이기 시작합니다(단, 이것은 어디까지나 문헌 자료에서 확인 가능하다는 의미이며 일상 회화에서는 이보다 이전부터 쓰이고 있었을 것이라고 충분히 생각할 수 있습니다. 장애인들이 잡지류를 만들고, 장애인 당사자의 말이 발신되기 시작한 시기가 이때부터라는 의미이기도 합니다).

예를 들어 오카야마현의 아리야스 시게루有安茂가 결성한 일본신체장애인우애회의 회보 《우애통신友愛通信》(1954년 10월 창간)에는 다음과 같은 용례가 보입니다.

> 또한 장애인의 결혼과 임신—임신은 건전자와 달리 여러 가지 면에서 상당한 어려움이 따를 수 있다고 생각한다.
> 이때 우생보호법의 적용을 받을 수 있도록 민생 위원을 움직여야만 한다. 우생보호법의 적용을 받아 임신중절을 실시한다면 일체의 경비는 무료가 될 것이다.
> 이처럼 우리는 모든 법적 보호를 받고 조금이라도 인간다운 생활을 영위할 수 있게끔 우리의 행복에 대해 적극적으로 나서는 것이 현실적으로 장애로 인한 고통을 줄이는 첫걸음이라고 믿는다.
> _ 아리야스 시게루, '신체장애인우애회 창립과 《우애통신》 창간 1주년을 맞이하여'.

1950년대에 장애인이 쓴 글에 〈우생보호법〉의 이름이 등장하는 것은 극히 드문 사례입니다. 7장에서 자세히 살펴보게 되겠지만, 이 법률에는 장애인을 향한 차별적인 가치관이 그 기저에 흐르고 있었습니다. 하지만 당시는 '가난한 사람'을 '구제'하기 위한 법률로 인식되었던 측면이 있습니다(단, 그 '구제'라는 명목으로 많은 장애인이 몸과 마음에 상처를 입어 왔다는 것을 잊어서는 안 되겠습니다).

　우생보호법에 관한 고찰은 7장에서 하도록 하고, 여기서는 '건전자'라는 용어의 사용법에 대해서만 이야기하겠습니다.

　앞의 글에서 '건전자'라는 용어는 임신과 관련하여 '장애가 있는 사람'과 '건강한 사람'을 대비시켜 생각하는 문맥에서 사용되고 있으며, 의미하는 내용으로도 '장애인'에 비추어 단순한 반의어로 쓰이고 있습니다.

　《우애통신》 창간으로부터 3년 후, 초기 푸른잔디회가 결성되고 동시에 회보《푸른잔디靑い芝》가 창간되었습니다. 당시 지면을 확인해 보면 '건전자'라는 용어도 몇 개 정도 확인할 수는 있습니다만, 특별히 그 수가 많은 것도 아니고 또 특별한 의미를 가진 용어로 사용되고 있는 흔적도 없습니다. 대부분이 '장애인'의 단순한 반의어로써 쓰고

있는데요. 한 가지 예를 들어봅시다.

> 드디어 학령기가 되어 병원에서 고메이학교에 진학할 수 있게 해주었지만, 본인이 근처에 있는 학교에 언니랑 같이 가겠다면서 말을 듣지 않았기 때문에 일반 학교에 입학시켰는데, 자유롭지 못하다는 점은 간과할 수 없었습니다. 선생님들의 친절함에 기대어 건전자들 속에서의 학교생활이 시작되었던 것입니다.
> _〈어머니의 체험기〉

이 글은 장애아동의 어머니가 쓴 수기인데, 여기서 사용된 '건전자'라는 말도 일반 학교에 다니는 건강한 아이들이라는 정도의 의미로 쓰이고 있습니다.

초기 푸른잔디회의 회보에는 '건강한 사람', '보통 사람'이라는 표현도 보이고, '건전자'라는 말도 그런 표현 가운데 하나로 사용되고 있습니다. 즉, 특별한 무게를 가진 운동

《푸른잔디》 창간호.
일본 국립국회도서관 소장.

용어로 의식되지는 않았던 것입니다.

'건전자'라는 용어가 단순한 반의어로서의 의미를 넘어 어떤 특유의 의미와 연결되어 쓰이게 된 최초의 용례는 (현시점에서 제가 확인한 바로는) 1956년에 나타납니다.

초기 푸른잔디회가 결성되기 1년 전, 《부인공론》 1956년 7월호의 독자투고란 '생활의 창'에 오사카부에 거주하는 도모이 요시코伴井嘉子라는 인물이 투고한 〈지체부자유자의 희망〉이라는 수기가 게재되었습니다. 도모이는 한 살 때 고열이 발생하여 중증 뇌성마비를 갖게 된 인물입니다.

이 수기에서 도모이 요시코는 장애인들이 매일 하는 고민(주로 가족과의 정서적 불화)에서 해방되어 안심하고 살아갈 수 있는 '장애인 홈'이, '장애인의 거리'가 실현되기를 강력히 요구하고 있습니다. 그런 맥락에서 다음 한 구절이 나옵니다.

> 즉, 나환자의 애생원愛生園과 같은 사회를 우리도 간절히 원한다는 것입니다. <u>치열한 현실 사회에서 건전자와 함께 생활하는 것에 몸도 마음도 견디지 못하는 중증장애인에게</u> 현재와 노후의 안식처로서 진정한 장애인 홈이, 장애인의 거리가 실현되기를 희망하고 있습니다.

약간 주석을 달자면 '나환자의 애생원'은 오카야마현에 있는 국립한센병요양소 나가시마애생원을 말합니다('나癩'는 한센병의 옛 명칭입니다). 애생원에서 근무하고 있던 의사 오가와 마사코小川正子가 한센병 환자를 위해 분주히 움직이는 모습을 그린 수기 《코지마의 봄小島の春》(나가사키쇼텐, 1938년)은 도요타 시로豊田四郎 감독, 나쓰가와 시즈에夏川静江 주연의 영화(1940년)로도 만들어져 크게 흥행했습니다.[3]

아마 도모이 요시코가 품고 있는 애생원의 이미지도 《코지마의 봄》에 영향을 받았으리라 생각합니다.

또, 이 글이 게재된 《부인공론》 1956년 7월호는 장애인 운동사의 관점에서 보자면 무척이나 중요한 책입니다.

여기에는 '투병자의 수기와 의사의 비판'이라는 작은 특집란이 꾸려져 고메이학교 졸업생이자 초기 푸른잔디회 창립 멤버였던 다카야마 히사코와 이토 쿄이쓰伊藤京逸라는 정형외과 의사의 글이 게재되었습니다. 이토 쿄이쓰는 고메이학교에서 의사로 근무하였고 초기 푸른잔디회의 후견인 역할을 하며 공적·사적으로 교류를 가졌던 인물입니다.

---

3 [옮긴이] 영화 《코지마의 봄》은 유튜브에 업로드된 영상을 통해 볼 수 있다. 컬러화된 영상의 주소는 다음과 같다. youtube.com/watch?v=iRuTLGyxxcM[2025년 3월 28일 현재 접속 가능].

이 《부인공론》에 다카야마 히사코가 실은 수기 〈소아마비 환자도 인간입니다〉는 초기 푸른잔디회가 결성된 계기 가운데 하나가 되었습니다. 당시 중증장애인 당사자가 《부인공론》 같은 큰 영향력을 가진 종합잡지를 무대로 사회를 향해 자신의 존재를 어필한 것은 획기적인 사건이었습니다.

다카야마 히사코, 〈소아마비 환자도 인간입니다〉, 《부인공론》 1956년 7월호.

이 수기는 다음 구절로 끝을 맺습니다.

우리에게 빛을 주세요. <u>우리에게 사회의 일부를 떼어 주세요</u>. 비록 어릿광대의 사지를 갖고 있다 해도, 생각해 주세요. 경련성 소아마비 환자도 역시 한 명의 인간임을.

밑줄 친 "우리에게 사회의 일부를 떼어 주세요"라는 말은 무척이나 아픈 절규이지만, 이런 글을 읽을 때 중요한 것은 언어 뒷면에 붙어 있는 문장의 의미를 헤아리는 것입니다.

아마도 여기에는 장애인에게 '사회의 일부'를 나누어 줄 수 있을 정도로 사회가 고도성장을 이룩하고 풍요로워졌다는 생각이 있고, 자신과 같은 뇌성마비 장애인은 고도성장의 은혜에서 배제되고 남겨져 있다는 울분이 담겨 있을 것입니다(그러한 울분이 초기 푸른잔디회를 낳았습니다).

도모이 요시코의 글은 다카야마 히사코의 이 글과 함께 《부인공론》 같은 호에 게재되었다는 이유로 초기 푸른잔디회의 모체가 된 문예동인 단체 '시노노메' 관계자의 눈에 띄었습니다(하나다 슌쵸花田春兆, 〈노래의 숲うたの森〉).

이것이 인연이 되어 도모이도 뇌성마비 운동가들과 관계를 맺게 되었고, 이후 중증장애인 거주시설 건설이나 장애인연금제도를 요구하는 주장을 자주 발표했습니다(1950~1960년대에 나온 회보 《푸른잔디》나 문예지 《시노노메》에는 장애인 시설 문제에 관해 찬반 양쪽 의견이 있었습니다).

이 도모이 요시코라는 인물이 쓴 글에는 '건전자'라는 용어가 특유의 의미와 연결되어 사용되고 있습니다. 예를 들어 중증장애인 시설을 간절히 원하는 글에서는 다음과 같은 서술이 나옵니다.

모든 중증장애인에게 친부모가 있는 것도 아니고 친부모가 있어도 부모와 동거하는 것만을 선호하는 현재, 중증장애인이 친부모와의 동거에만 의존할 수 없으며 동거만이 행복하다고 단언할 수도 없다고 생각합니다. 만일 동거한다 해도, 가족 구성원들이 얼마나 살기 어려운 입장에 처할지는 생각해 볼 것도 없는 일입니다. <u>저도 만일 제가 건전자라면 중증장애인과 동거하는 가정에 시집가고 싶다고는 생각하지 않기 때문에</u>, 저 같은 사람과 동거하고 싶지 않다고 생각하는 것은 당연한 일이고 그에 책망하고 싶은 마음은 조금도 들지 않습니다.

_ 도모이 요시코, 〈나의 소망私の願望〉

저는 도모이 요시코의 이 글에 흥미가 있습니다. 사회운동사 관점으로는 전혀 유명하지 않은 인물이지만, 도모이의 글에는 당시의 재가 장애인[4]들이 품고 있었을 우울함 같은 것이 응축되어 있어서 독특한 언어의 비틀림을 일으킨 흔적을 엿볼 수 있습니다.

예를 들어 위의 글에서 보면, 중증장애인인 필자가 '건전자'의 시선을 빌리는 형태로 장애인에 대해 무척이나 지

---

4 [옮긴이] '재가在家'란 집에 머물러 있다는 의미로, 재가 장애인은 시설이 아닌 가정집에서 가족과 함께 생활하는 장애인들을 일컫는다.

독한 말들을 엮어 내고 있습니다.

　매우 복잡한 갈등을 내포한 흥미로운 표현입니다만, 여기서는 당시의 장애인들이 이런 우울감을 토로하는 맥락에서 '건전자'라는 용어를 쓰고 있다는 점, 또한 이러한 맥락에서 쓰인 '건전자'라는 용어가 장애인의 단순한 반의어라고 할 수 없고 그 이상의 어감—'장애인과 대립관계에 있는 사람'이나 '장애인과의 공생이 어려운 사람'이라는 뉘앙스—을 띠고 있다는 점에 주목합시다.

† '머조리티'를 재인식하다

　어떤 말의 기원을 찾아내기란 무척이나 어려운 일이기 때문에 도모이 요시코가 "'건전자'라는 말에 독특한 의미를 처음으로 부여한 장본인이다"라고 단언할 수는 없습니다.

　하지만 도모이 요시코가 쓴 용례를 참고해 보면, 1950년대 중반에 이미 뇌성마비 장애인 당사자에 의해 '건전자'라는 말이 독특한 의미를 띠고 사용되기 시작했다는 점을 지적할 수 있을 테지요.

　말이라는 것은 사용하는 사람이 바뀌면 자연스럽게 그 의미도 변하게 됩니다. '건전자'라는 말 역시, 의료인뿐만 아니라 장애인 당사자들도 사용하게 되면서 점차 의미하는 내용이 변해 간 것으로 보입니다.

즉, 원래 의학 등의 분야에서 쓰였던 '건전자'라는 말이 1950년대 중반에는 뇌성마비 장애인들이 만든 기관지나 동인지에서 쓰이게 되었고, 그 과정에서 '장애인과 대립관계에 있는 사람', '장애인과의 공생이 어려운 사람'이라는 의미를 포함하게 되었다고 생각됩니다.

아마도 '건전자'라는 말에 이러한 함의가 생기게 된 배경에는 전후 고도성장이라는 사회발전에서 배제된 뇌성마비 장애인들의 불만이나 사회에서 뒤처지는 것에 대한 불안이 존재하고 있었던 것은 아닐까 합니다.

1960년대가 되면 이 말은 더욱 뚜렷하게 대립적인 어감을 띠게 됩니다. 예를 들면 다음 같은 용례를 볼 수 있습니다.

> 인간 누구라도 상대의 기분을 안다고 말하는 것은 불가능에 가깝고, 그 어떤 친밀한 부모 자식 사이라도 완전히 상대의 기분을 알 수는 없다. <u>하물며 건전자가 장애인의 기분을 알리가 없다.</u>
> _ 고야마 마사요시, 〈장애인의 문제는 장애인의 손으로障害者の問題は障害者の手で〉

글쓴이 고야마 마사요시는 마하라바 마을(2장)에서 오사라기 아키라 스님에게 사상적 교육을 받은 인물입니다. 이 글이 나온 1966년은 마하라바 마을에서 생활공동체가 운영되고 있었던 시기와 맞물립니다. '장애인'과 '건전자'를 적대적 관계로 파악하는 발상은 그러한 생활공동체 속에서 논의되고 심화되었던 것으로 보입니다.

단, 마하라바 마을의 설립자인 오사라기 아키라 스님이 장애인 문제와 관계 맺게 된 것은 '시노노메'나 초기 푸른잔디회 등의 단체를 접한 것이 계기였습니다. 다시 말해, 마하라바 마을이 개설되기 이전부터 '건전자'라는 말은 뇌성마비 장애인들 가운데서 '장애인과 대립관계에 있는 사람'이란 특유의 의미를 포함하기 시작했다고 생각합니다.

1970년대에 이르러 푸른잔디회의 활동이 본격적으로 활발해지고 일본 각지에서 장애인 차별과 싸우는 운동이 확산해 가면서 '건전자'라는 말의 어감도 첨예화합니다. 이때가 되면 '장애인'과 '건전자'의 대립관계는 존재론적인 깊이마저 띠게 됩니다.

푸른잔디회의 이론적 리더였던 요코즈카 고이치는 푸른잔디회의 돌봄 봉사자들에게 다음과 같은 매서운 물음을 던지고 있습니다.

장애인은 현대사회에서 차별받는 피억압자입니다. 지금까지의 봉사활동은 이와 같은 이들을 '불쌍한 사람들' 혹은 '불행한 사람들'이라고 부르며 '그렇기 때문에 우리가 무언가 해 주는 것이다'라고 생각하면서 하는 일이었다고 생각합니다. 하지만 이것은 대단히 잘못된 생각입니다. 왜냐하면 우리를 불행하고 혜택받지 못하는 불쌍한 입장으로 만드는 것은 권력이고, 지금의 사회이기 때문입니다. <u>그 사회를 만들고 있는 것은 다름 아닌 '건전자', 즉 당신들 한 사람 한 사람인 것입니다.</u>

_《엄마! 죽이지 마》, 141~142쪽.

1990년대에 활동지원사로서 푸른잔디회와 관계를 맺었던 쿠론 죠九龍ジョー 씨(편집자·작가)는 '건전자'라는 용어에 대해 "'장애인'에 맞서 마이너리티 측에서 딱지를 다시 붙이기 위한 용어"라고 적확하게 지적하고 있습니다(쿠론 죠, 〈운동은 바로 옆에 있다運動はすぐそばにある〉).

사실 이 용어는 장애인(마이너리티) 입장에서 장애인이 아닌 사람들(머조리티)을 가시화하는 역할을 했습니다.

애초에 '마이너리티minority'나 '머조리티majority'란 정의 내리기 무척 어려운 말입니다. 종종 '소수자(소수파)'나 '다수자(다수파)'라고 번역되지만, 이 말은 단순히 인구수의 많고 적음을 의미하는 것이 아닙니다.

어떤 사회나 공동체 안에는 인구 비율로는 적더라도 차별이나 박해라고 하는 위험·곤란·불안·공포를 느끼지 않고 살아갈 수 있는 사람들이 존재합니다. 우리는 통상적으로 그런 사람들을 일부러 '마이너리티'라고 부르지 않습니다(중세 유럽의 왕후와 귀족 혹은 에도 시대의 무사 계급은 인구 비율로 본다면 소수자이지만, 보통 이러한 계층의 사람들을 '마이너리티'라고 부르는 일은 없습니다).

저는 '마이너리티'나 '머조리티'라는 말이 그 사회와 공동체에 대한 소속의식과 위화감의 농도 차를 나타내는 말이라고 생각하고 있습니다.

만약 '머조리티란 누구인가'에 대해 저 나름대로 설명한다면, 그것은 "갈등을 수반하지 않고 자신을 '큰 주어'로 말할 수 있는 사람"이라고 설명할 수 있겠지요. 다시 말해 '일본(인)', '사회(인)' 등등의 말로 자신을 지칭하는 것에 위화감을 느끼지 않고, 또 타인으로부터 이의를 받지 않아도 되는 사람을 말하는 것입니다.

그런 사람은 사회 속에서 '나는 어떤 사람인가', '왜 내가 여기에 있는 것인가'를 설명할 필요도 없고, 어떠한 사회문제가 발생했을 때도 절실한 당사자 의식을 갖지 않은 채 빙긋 웃으며 넘어갈 수 있습니다.

예를 들어 지금 눈앞의 사람에게 "장애인 차별에 대해 어떻게 생각하세요?"라고 질문을 받았다면, 여러분은 어떻게 대답하실 건가요? 이런 질문에 대해 '머조리티'는 왕왕 "사회가 성숙하지 않으면…", "나라에서 책임을 지고 복지를 정비하지 않으면…", "인간의 본질은…" 이런 식으로 대답하기 쉽습니다.

그러나 '사회'도 '나라'도 '인간'도 엄청나게 '큰 주어'입니다. 이렇다 할 갈등도 없이 '사회'나 '나라'나 '인간'을 대변하는 것 같은 말이 튀어나와 버리는 사람이 바로 '머조리티'라고 할 수 있겠지요.

'머조리티'라면, 자신의 가치관이나 사고방식인 '개인적 견해'를 '큰 주어'에 녹여 넣는 것이 가능합니다. 그렇게 함으로써 흡사 '일반적 견해'인 양 말할 수 있는 것입니다.

반대로 '마이너리티'란 그런 식으로 말할 수 없는(말하는 것이 허용되지 않는) 사람들입니다. '마이너리티'는 자신에 관해 '작은 주어'로 말할 것을 요구받습니다. "차별에 대해 어떻게 생각하세요?"라는 물음이 '마이너리티'에게는 자신의 일상생활과 관련된 사안입니다. 쇼핑을 간다, 학교에 간다, 방을 얻는다, 은행 계좌를 만든다, 누군가를 좋아

한다, 그 사람과 함께 살고 싶다고 생각한다 등등. 삶의 곳곳에서 '다름 아닌 바로 나'에게 쏟아져 내리는 문제입니다.

위에서 인용했던 요코즈카 고이치의 글을 조금 더 자세히 살펴보도록 합시다. 요코즈카는 봉사자들에게 "그 사회를 만들고 있는 것은 다름 아닌 '건전자', 즉 당신들 한 사람 한 사람인 것입니다"라고 외치고 있습니다.

'이 사회에는 장애인 차별이 존재하고 있다'라는 표현에 정면으로 반대하는 사람은 아마 많지 않을 것이라 생각합니다. 하지만 이 '사회'라는 말은 '큰 주어'의 대표 격인 것으로서 '머조리티'는 자칫하면 자기 자신이 장애인 차별을 잔존시키고 있는 사회의 일원이라는 점을 잊어버리게 됩니다.

요코즈카 고이치는 개개인에게 책임을 묻는 일이라곤 없는 안전지대에 있으면서 '사회'라는 추상적 존재에 책임을 떠넘기는 발상에 일침을 놓으려고 한 것입니다. 그는 '건전자'라는 말을 사용함으로써 '당신들 한 사람 한 사람'에게 외칩니다. '당신들 한 사람 한 사람'이 장애인과 대립적인 위치에 있는 '건전자'이며, 그러한 '건전자'들이 이 사회를 만들고 있다고 호소하는 것입니다.

이처럼 푸른잔디회는 '장애인'과 '건전자'라는 용어를

군이 적대적인 관계로 썼습니다. 그래서 '일부러 대립을 부추기고 있다', '이해하려고 하는 의지가 없다'라는 비판을 받았습니다.

하지만 푸른잔디회는 이 용어를 계속해서 사용했습니다. 일방적으로 지목되는 쪽에 있었던 '장애인'의 입장에서 자신들을 지목한 사람들을 '건전자'라고 되받아쳤던 것입니다. 왜냐하면 이런 '적대관계'를 만듦으로써 모든 '건전자'들을 '장애인'과의 관계로 끌어들일 수 있었기 때문입니다.

'건전자'는 장애인에게 '건전자'라고 불리게 되는 그 순간부터 장애인 차별과 관련해 제3자적 위치나 방관자적 위치에 있는 것을 허용받지 못하게 됩니다(6장에서 '활동지원사'란 누구인가라는 주제에서 똑같은 질문이 다시 등장합니다). 그런 의미에서 '건전자'라는 말은 푸른잔디회의 운동 이념을 응축한 것과 같은 상징적인 용어라고 할 수 있겠습니다.

4. 빼앗긴 '자신'을 되찾다

'장애인운동'이라고 하면, 장애인이 이용할 수 있는 제도나 법률의 획득을 목적으로 한 것이라고 받아들이는 경우가 많은 듯합니다. 예를 들어 배리어프리barrier-free 도로를 만들 것(이를 추진하는 법률)을 요구한다거나 활동지원사를 파견하기 위한 제도를 요구한다거나 하는 등의 일상생활을 지탱하기 위한 '실체 있는 성과'를 요구하는 활동이라는 이미지로 인식되고 있습니다.

1장에서도 봤던 것처럼 확실히 초기 푸른잔디회에서는 장애복지연금 증액이나 장애등급 인정 기준의 재검토 요구가 중요한 활동이었고, 들어가며에서 소개했듯이 많은 장애인들의 노력에 의해 장애인차별해소법이라는 법률이 만들어졌습니다.

장애인운동에 '장애인을 위한 법·제도를 요구하는 활동'이라는 측면이 있는 것은 틀림없습니다.

하지만 푸른잔디회가 요구했던 것은 그러한 '실체 있는

성과'에 국한되지 않았습니다. 오히려 푸른잔디회는 '장애인이 살아가는 의미란 무엇인가', '장애인으로서 산다는 것은 어떠한 것인가'라는, '실체 없는 이념'을 무척이나 소중하게 여겼습니다.

특히 푸른잔디회는 장애인의 '주체성'이나 '의사'와 같은 이념을 중요시했습니다. 왜 이러한 이념을 중요하게 여겼을까요? 이번 장에서 살펴보겠습니다.

† 본인의 말, 본인의 의사

들어가며에서 다뤘던 장애인차별해소법에는 '부당한 차별적 대우'의 일례로 '본인을 무시하고 보조자나 지원사, 함께 있는 사람에게만 말을 거는' 사례를 거론하고 있습니다(내각부, 《합리적 배려'를 알고 있습니까?》).

어째서 이것이 '차별'로 규정되고 있지? 어쩌면 이렇게 의문을 갖는 사람이 있을지도 모르겠습니다. 장애인이 커뮤니케이션에 시간이 걸릴 경우, 언제라도 당사자와 함께 있고 의사소통에 익숙한 보호자와 이야기하는 편이 빠르고 효율적으로 대응할 수 있는 것 아닌가? 그렇게 생각하는 사람도 있을지 모르겠습니다.

그렇지만 본인이 있는데도 '없는 것'처럼 취급하거나 본인의 말을 통해서 의사를 확인하지 않는 일들은 당사자의 존엄을 훼손합니다.

현재 복지와 의료 현장에서 장애인 당사자의 '의사'를 확인·존중하는 것은 기본 사항이 되었습니다. 하지만 예전에는 그렇지 않은 시절도 있었습니다.

내각부,《'합리적 배려'를 알고 있습니까?》

푸른잔디회는 가는 곳마다 '본인의 이야기를 들을 것'을 계속해서 요구했습니다. 행정기관과 교섭을 진행할 때도 기본적으로 지원사를 동석시키지 않거나 혹은 지원사에게 발언을 시키지 않는 자세를 취했습니다. 교섭의 주체가 장애인 당사자라는 점을 명확히 하기 위해서입니다. 그리고 종종 공무원에게 "내 이야기를 들어!"라고 강한 어조로 소리쳤습니다.

한편으로 푸른잔디회는 장애인 스스로도 제대로 '주체성'이나 '자신의 의사'를 가질 것을 강력히 요구했습니다. 일상생활에서 타인의 손을 빌리지 않을 수 없다 해도, 자신의 일은 스스로 생각하고 스스로 결정하는 것이 장애인에게 '독립'이라고 주장했던 것입니다.

푸른잔디회가 운동을 시작하던 때는 장애인에게 '주체성'이나 '의사'가 있다고는 생각되지 않았고 있다 하더라도 미숙하고 불완전한 것으로 받아들여지고 있었습니다. 과거에는 '장애인은 판단력이 없다', '장애인과는 의사소통이 불가능하다'라는 편견이 뿌리 깊게 박혀 있었던 것입니다 (이런 편견은 현재까지도 아직 존재합니다).

따라서 장애인의 일은 장애인과 가장 가까이에 있는 인물(많은 경우 부모)이나 전문지식을 갖춘 전문가가 대변하는 것이 옳다고 생각했습니다. 특히 뇌성마비 장애인은 언어장애가 있는 경우가 많았고, 소리 내어 말하는 것에 시간이 걸려서 익숙해지지 않으면 알아듣기 어려웠습니다. 죽을힘을 다해 이야기한 말이 너무나 쉽게 가벼이 여겨지거나 한쪽으로 치워졌던 역사가 있는 것입니다.

그런 경험을 아플 정도로 맛보아 왔던 푸른잔디회 회원들이었기에 '본인의 의사'나 '본인의 말'을 특히나 소중히 여겼습니다.

이 책을 읽고 있는 사람들 가운데는 다소 자신의 의사가 저해된다 해도 그것 자체를 차별이라고 야단법석 떨지 않고 되도록이면 일을 시끄럽게 만들지 않고 마무리 짓고 싶다고 생각하는 사람도 있을지 모르겠습니다. 어쩌면 너무 엄격하게 '본인의 의사'를 지키려는 생각에 위화감을 느끼는 사람도 있을 것입니다.

하지만 1970년대의 장애인운동, 특히 푸른잔디회는 '자신의 의사'를 철저히 지키고자 했고 그것을 저해하는 것을 명확한 '차별'이라고 인식했습니다. 푸른잔디회는 왜 이런 점에 강하게 매달렸을까요?

† '정상인'[1]이 덮쳐든다

2장에서 소개한 '행동강령'을 기초한 요코타 히로시는 다음과 같이 말합니다.

> 고도경제성장을 구가하고 있을 때는 돈에 맡겨 거대 콜로니를 만들었고 생산력 있는 '가정'을 지키기 위해 차례차례 장애인을 내보냈으며, 한번 불황이나 인플레이션이 발생하면 '복지 재검토론'을 내세워 얼마 되지도 않는 수당까지 끊는 '복지 정책'을 펼쳤다. 장애

---

1 [옮긴이] 3장에서는 일본어 뉘앙스를 설명하기 위해 '건전자'와 '건상자'를 나누어 번역했지만 4장부터는 다시 일반명사인 '건전자'가 쓰이고 있기에 여기서부터는 다시 한국어 뉘앙스를 살리고자 '정상인'으로 번역했다.

4. 빼앗긴 '자신'을 되찾다

인이 지역사회에서 사는 것에 동물적 혐오감을 품고서 자신들의 '노동'과 '생활'을 지키기 위해 휠체어의 버스 승차를 비롯한 장애인의 절실한 요구조차 억압하고자 하는 노동자들, 장애아동의 존재를 자신의 수치로 여겨서 자기 손으로 죽이는 부모들, 장애인의 존재를 이형·이질적 물건으로만 파악하며 이웃으로 또 동료로 파악하는 것이 불가능한 지역의 주민들이 있었다. 그러한 정상인 사회의 존재 방식 전체가 장애인을, 그리고 나를 죽이고 있는 것이다.

_《장애인 살해의 사상》, 9쪽.

위 글에는 정치·행정부터 노동자·부모·지역 주민에 이르기까지 '정상인 사회의 존재 방식 전체'가 장애인을 차별하고 장애인을 죽이는 편에 서 있다는, 강렬한 고발이 수놓여 있습니다. 이는 바꿔 말하면 세상 전체가 장애인의 적이라고 지적하고 있는 것이나 마찬가지이기 때문에, 요코타의 논조는 당연히 많은 반발을 불러왔습니다.

그러한 반발은 '무리하게 일을 시끄럽게 만드는 것보다 사회의 마음에 들 수 있는 존재로 있는 편이 좋다', '기분은 알겠지만 좀 더 온건하게 이야기해야 한다'라는 조언을 가장한 충고부터 '장애인은 자신의 분수를 알아라', '복지의 도움을 받고 있으면서 건방지다'라는 감정적인 반감까지 다양했습니다.

푸른잔디회는 이러한 비판을 받으면서도 '정상인 비판'을 느슨히 하지 않았습니다. 푸른잔디회가 왜 이렇게까지 격한 언어를 썼을까. 그 이유에 대해 요코타 히로시는 다음과 같이 말하고 있습니다.

> 우리가 독하지 않은 얼굴을 보이면 정상인이 우르르 우리들의 생활로 덮쳐든다. 그런 시대였다. 그래서 그렇게까지 말하지 않으면 안 됐다.
>
> _〈역시 장애인이 살아 있는 것은 당연한 게 아니다〉

'정상인이 우르르 우리들의 생활로 덮쳐든다'는 것은 대체 무엇일까요? 이에 대해서는 좁은 의미와 넓은 의미의 두 가지 논점이 있다고 생각합니다.

우선 좁은 의미로는 학생운동과 관련이 있습니다.

1960년대에 세계적으로 고조되었던 베트남전쟁 반대의 기운은 일본에도 파급되어 젊은이(특히 학생)들을 중심으로 평화운동이 활발해졌습니다. 사회변혁을 통해 평화로운 세계를 만들고 싶다는 학생들의 열의는 그 후 구습에 찌든 관료적 체질을 갖고 있는 대학의 해체, 미일안보조약 반대, 제국주의적인 국가권력 분쇄 등을 내건 운동으로 확산됩니다.

1968~1969년에 걸쳐서는 도쿄대학 투쟁·니혼대학 투쟁[2]·산리즈카 투쟁[3] 등에서 학생과 기동대가 격렬하게 충돌

---

2 [옮긴이] 1960년대 후반에 등장한 전공투의 대표적인 투쟁이다. 전공투는 전학공투회의의 약칭으로 1968~1969년에 걸쳐 일본의 전국 각 대학에서 결성된 학생 공동 투쟁을 위한 조직 및 운동체이다. 전공투는 대학의 자치 관행이 변질되면서 극심한 병폐를 초래하자 이에 대항하여 획기적인 대학 개혁을 주장하며 학원 투쟁을 전개했다. 전공투의 학원 투쟁이 가장 극렬했던 곳이 도쿄대와 니혼대日本大였다. 전공투는 종래의 학생운동과는 달리 기존의 당파에 속하지 않은 평범한 학생들까지 급진적인 '직접 참여' 혹은 '심정적 동조'라는 연대의 울타리 안으로 끌어들이는 광범위한 파급력을 이끌어 냈지만, 결과적으로는 가시적 변화를 가져오지는 못한 채 약 2년에 걸쳐 전국 대다수 대학에서 격렬한 시위의 릴레이를 이어 가다 소멸했다. 전공투를 다룬 연구로는 다음과 같은 것들이 있다. 송인선, 〈반역하는 "단카이(團塊)": 전공투(全共鬪)와 일본의 대중사회〉, 《현대문학의 연구》 50, 2013; 조소진, 〈1960년대 후반 대학 투쟁의 표상: 니혼대 전공투(日大全共鬪) 사례 연구〉, 숙명여자대학교 일본학과 석사학위 논문, 2015; 이명실, 〈일본 전공투 운동과 '자기부정'의 논리: 도쿄대학 투쟁을 중심으로〉, 《한국일본교육학연구》, vol. 23-2, 2018.

3 [옮긴이] 일본 나리타 국제공항 활주로 옆의 녹지로 펼쳐진 넓은 동네가 치바현 나리타시 산리즈카三里塚 마을이다. 1966년 6월 22일, 일본 정부는 '신도쿄 국제공항' 건설 계획을 발표했다. 공항 예정 부지에는 산리즈카 마을이 포함되어 있었는데, 원래 이곳은 치바현 소유의 숲과 일본 황실 소유의 목장이 있는 곳이었다. 동시에 이곳은 제2차 세계대전 이후의 개척지였는데, 일본이 패배하자 식민지에서 돌아온 이들인 히키아게샤引揚者들이 거친 땅을 직접 농지로 개간한 곳이었다. 이들은 20여 년을 고생하며 땅을 개척했다는 자부심과 애착이 남달랐기에 한마디 사전 양해도 없이 공항 예정 부지로 선정한 국가의 결정을 곱게 받아들일 수 없었다. 1966년 6월 28일, '산리즈카 공항 반대 동맹'이 결성되었고, 이후 직접 토지가 수용되지 않지만 소음 피해 등을 이유로 반대하는 사람들이 '시바야마 공항 반대 동맹'을 결성했다. 8월에 양자가 연합하여 '산리즈카 시바야마 연합 공항 반대 동맹'이 결성된다. 당시 안보 투쟁에서 패배를 맛봤던

하는 사태에 이르렀습니다. 이러한 운동은 1969년, 도쿄대학 야스다 강당에서 있었던 공방전을 기점으로 사그라들게 됩니다만, 일부 젊은이들이 극단적으로 급진화하여 도저히 사람들의 지지를 얻을 수 없는 노선으로 치달아 아사마 산장 사건을 일으킨 연합적군과 같은 존재가 생겨나게 된 것은 잘 알려진 바와 같습니다.[4]

요코타 히로시 등이 '장애인 차별'을 규탄하는 운동을

학생운동 세력이 산리즈카 투쟁에 합류하며 연대하였고, 급진적인 반정부 투쟁이 전개되었다. 전후 일본 민주주의 투쟁 역사에서 가장 예외적이고 치열한 싸움으로 평가되는 산리즈카 투쟁은 오가와 신스케小川紳介의 다큐멘터리 영화 《일본해방전선, 산리즈카의 여름》(1968년)를 통해서 생생하게 확인할 수 있다. 또한 한국어로 번역되어 출판된 오제 아키라의 만화 《우리 마을 이야기》(전 7권, 이기진 옮김, 길찾기, 2012)도 당시의 분위기를 잘 전달한다. 산리즈카 투쟁 및 오가와 신스케의 영화에 대한 연구로는 다음을 참고하라. 고은미, 〈산리즈카 투쟁과 오가와 프로덕션의 '산리즈카 시리즈'의 시작: '오가와의 정면(小川の正面)'과 다큐멘터리 카메라의 윤리〉, 《코기토》 98, 2022.

[4] [옮긴이] 일본 학생운동이 퇴조하던 1971년, 신좌파 세력인 적군파와 혁명좌파가 손잡고 '연합적군'이라는 이름하에 산악 아지트에서 합숙훈련을 하며 명맥을 유지하고 있었다. 1972년 2월 19일, 경찰의 포위망이 좁혀 오자 대원 5명이 아사마浅間 산장에 침입해 관리인의 부인을 인질로 잡고 열흘 동안 농성하며 경찰과 대치하였다. 이들이 진압되던 마지막 날은 방송사에 의해 생중계되었고, 경찰 심문 과정에서 동지들 사이에 벌어졌던 린치 살인에 대해 자백하면서 일본 좌익운동에 큰 타격을 입힌다. 이로 인해 일본의 신좌익 운동은 결정적으로 일반 대중과 유리되었으며 사실상 붕괴 단계로 접어들게 되었다. 흔히 전공투라고 하면 연합적군이라는 과격한 당파 구성원들에 의해 돌출된 이같은 사건을 떠올리게 되는데, 고사카 슈헤이는 이 둘의 구분이 필요하다고 얘기한다. 전공투는 기본적으로 상하관계가 없는 느슨한 학생들의 연대였던 데 반해 연합적군은 뚜렷한 지도부가 존재하는 위계 조직으로서, 그 조직 원리가 정반대의 성격이었다는 것이다. 小阪修平, 《思想としての全共鬪世代》, 筑摩書房, 2006.

4. 빼앗긴 '자신'을 되찾다

시작했을 당시, 장애인운동 현장에는 학생운동을 경험한 젊은이들이 '보조자'나 '지원사'로 들어와 있었습니다. 그중에는 학생운동의 패배 후 국가권력과의 새로운 투쟁의 장을 찾아 장애인운동에 가담한 이들도 적지 않았습니다.

그러한 운동가들은 지식도 있고 행동력도 풍부했기 때문에 장애인운동 현장에서도 주도권을 잡았고, 장애인이 일방적으로 부담을 짊어지게 되어 버리는 사태가 종종 발생했습니다.

요코타 히로시가 말한 "우리가 독하지 않은 얼굴을 보이면 정상인이 우르르 우리들의 생활로 덮쳐든다"라는 것은 좁은 의미에서 이와 같은 운동가들을 경계하지 않으면 안 되었던 상황을 가리킵니다.

한편 넓은 의미에서는 좀 더 근원적인 차원에서 '장애인과 정상인의 역학관계' 문제가 고려됩니다.

요코타가 비판하는 '정상인'이란 학생운동을 경험한 사람뿐만이 아닙니다. 비판은 그 외의 사람들도 가리키고 있는데, 그 안에는 장애인의 부모도 포함되어 있습니다.

부모를 포함한 장애인과 관련된 '정상인'들은 무심코 '장애인을 위한 생각'이라는 이유에서 '이렇게 하는 편이 좋다'라고 장애인에게 강요를 하게 됩니다.

많은 경우 '정상인'은 장애인에 비해 사회 경험이 풍부합니다. 그렇기에 '정상인'은 자신의 체험에 기반하여 '장애인이 나가야 할 길'을 장애인을 대신해서 판단해 버립니다.

예를 들어 '휠체어를 밀다'라는 행위 하나를 보더라도 장애인이 '저쪽으로 가고 싶다'고 해도 보조자가 '위험하니까 가서는 안 된다'고 마음대로 판단하거나, 장애인이 '저쪽 길로 지나가 달라' 말해도 보조자가 '이쪽 편의 길이 낫다'고 판단하는 경우가 있습니다.

요코타 등은 이런 식의 '대신해 주겠다'는 발상을 강력하게 비판했습니다. 왜냐하면 요코타 등에게는 '정상인'이 '대신해 줄게'라는 자세를 취하면서 자신의 일을 스스로 생각하거나 자신의 의사에 따라 결정하는 것을 금지시킨 경험이 있었기 때문입니다.

이들은 언뜻 보기에 선의를 가장한 '정상인'의 자세가 결과적으로 장애인에게서 '주체성'과 '자신의 일을 스스로 생각하는 힘'을 빼앗고 무력하게 만든다는 사실을 피부로 느끼고 있었습니다.

이는 요코타 히로시라는 한 개인에 국한된 이야기가 아니었으며, 푸른잔디회의 어느 지부든지 '장애인과 보조자의 역학관계'에 대해서는 무척 큰 관심을 갖고 있었습니다. 특히 '행동강령'을 기초한 요코타는 이 문제에 대해서 민감한 감성을 갖추고 있었습니다.

요코타의 엄격함을 보여주는 증언도 있습니다. 앞 장에서 소개했던 쿠론 죠 씨(편집자·작가)는 우연한 일로 요코타에게 꾸지람을 들었던 경험을 다음과 같이 회고합니다.

> 요코타 씨와의 추억 중에서 계속 생각나는 게 있는데요. 사무소에 있을 때였는데, 요코타 씨가 무릎으로 쓰윽 쓰윽 걷고 있었어요. 근데 요코타 씨 바로 앞을 커다란 짐이 가로막고 있더군요. 방해되네, 생각하고는 그걸 치웠던 거죠. 그랬더니 "왜 치운 거야?"라고 캐묻더라고요.
>
> "방해된다고 생각했습니다"라고 대답했더니 "나는 그걸 치워 달라고 부탁하지 않았어"라고 하는 겁니다. 분명히 요코타 씨는 치워줬으면 좋겠다든가 하는 말은 한마디도 하지 않았고 내가 마음대로 치운 것이었죠. 요코타 씨는 "왜 치웠는지 네 입으로 설명해"라고 했고요.
>
> 그때 내 안의 무언가가 시험받고 있다고 느꼈습니다. 요코타 씨와 다른 분들에게는 그런 식으로 타인이 멋대로 앞서서 하는 것들로 인해 행동을 제한당해 온 역사가 있었던 겁니다. 그러니까 내가

마음대로 짐을 치운 것을 엄격하게 따졌던 것이라고 생각합니다. 푸른잔디회가 해 왔던 일의 편린에 닿았다는 기분이 든 순간이었습니다.

_ 쿠론 죠, 〈운동은 바로 옆에 있다〉

장애인이 생활을 해 나가기 위해서 장애인운동이 있는 것이라고 한다면, '생활'과 '운동' 양쪽에서 장애인의 의사가 존중될 필요가 있습니다. 또, 장애인 당사자가 의사를 갖는 것도 필요하고 그러한 의사가 싹틀 수 있는 상황을 만드는 것도 필요합니다.

† 재가 장애인들의 목소리

요코타 히로시에게는 장애인은 장애인**이라서 더욱** '자신의 의사'에 집착해야만 한다는 생각이 있었던 것 같습니다. 《장애인 살해의 사상》에는 다음과 같이 쓰여 있습니다.

우리들의 육체는 태어났을 때부터 혹은 CP로 발병한 때부터 계속해서 빼앗기고 있다.
언어도 의식도 육체의 존재 방식을 근거로 떠오른다. 즉, 빼앗긴 육체로 존재하는 CP는 항상 빼앗긴 언어와 의식으로만 사물을 볼 수밖에 없으며 행동하는 것도 불가능한 것이다.

_《장애인 살해의 사상》, 38쪽.

뇌성마비 장애인은 '항상 빼앗긴 언어와 의식으로만 사물을 볼 수밖에 없으며 행동하는 것도 불가능'하다고 합니다. 여기서 말하는 '언어와 의식'을 '빼앗겼다'는 말은 구체적으로 어떤 상태인 것일까요. 실은 이 부분이야말로 요코타가 엄격하다고 할 정도로 '자신의 의사'를 추구한 요인이 숨어 있는 지점이라고 생각합니다.

이 문제를 생각해 보는 데 무척 중요한 자료가 있습니다. 1장에서도 소개했던 신체장애인들의 문예동인지 《시노노메》입니다.

이 잡지는 일본 최초의 공립 지체부자유아 학교인 도쿄시립고메이학교(현재 도립고메이학원의 전신)의 졸업생들에 의해 1947년 창간되었습니다. 전후 장애인 당사자에 의해 창간·운영된 문예지로는, 제가 살펴본 한에서 가장 이른 사례입니다(아라이 유키, 《장애와 문학》).

당시 고메이학교는 지금 기준으로 봐도 놀라울 정도로

수준 높은 교양 교육을 시도하고 있었습니다. 하지만 그런 귀중한 교육을 받은 아동들도 졸업 후에 보장된 진로라고는 아무것도 없었고, 졸업과 동시에 본가로 다시 들어가서 외출의 기회도 얻을 수 없는 생활을 강요받는 경우가 적지 않았습니다.

이러한 사태에 위기감을 갖고 있었던 졸업생 가운데 뜻을 모은 이들이 공통의 취미였던 문학을 중심으로 잡지를 만들었던 것입니다. 유대관계를 계속 유지하기 위해서 《시노노메》를 창간한 것이죠. 단, '창간'이라고는 해도 처음에는 손으로 쓴 원고지를 묶어서 동료들끼리 돌려 보는 회람지였습니다.

그 후로 《시노노메》는 주로 부모의 보조를 받으며 생활하고 있는 재가 장애인들에게까지 퍼졌고, 서서히 회원 수를 늘려 갔습니다. 그러면서 '문학'뿐만 아니라 실제 '생활'을 개선하는 데 관심을 가진 뇌성마비 장애인들이 모여들었고, 가게에 분점이 생기듯이 초기 푸른잔디회가 탄

수기 원고를 돌려보던 시절의 《시노노메》.
시노노메 편집부 소장.

생했습니다.

실은 요코타 히로시도 '시노노메'에 소속되어 있었습니다. 그는 《시노노메》 42호(1960년 10월) 때부터 가입하여 열성적으로 시와 수필을 투고했습니다.

이 책에서 종종 인용하고 있는 요코타의 책 《장애인 살해의 사상》은 1974년 발행된 책자 《호무라炎群[불길]—장애인 살해의 사상》을 기반으로 하여 증보 개정된 것입니다만, 이 《호무라》도 '시노노메' 그룹의 총서 가운데 하나로 출판된 것입니다.

《시노노메》는 문예동인지로서는 이례적으로 장수를 자랑하며 2012년, 종간호 '특집: 종간호라니 인정할 수 없다'를 내기까지 장애인의 자기 표현 무대로서 역할을 다했습니다. 총 112호에 이르는 65년의 역사 속에서 가장 왕성한 모습을 보였던 시기는 1950년대 후반부터 1960년대 중반에 이르는 약 10년의 기간입니다.

1장에서 살펴본 것처럼 이때는 장애인의 부모들이 복지를 충실히 할 것(특히 시설의 증설)을 절실하게 요구했고, 그 후 콜로니 구상이 실현되었습니다. 그런 의미로 보면 일본에서 장애인 복지가 확충되어 가는 시기에 해당합니다.

장애인의 부모들이 목소리 높여 복지를 충실히 하라고

외친 이면에서 장애인 당사자들은 하루하루 무엇을 생각하고 무엇을 고민하며 생활하고 있었을까요. 《시노노메》라는 문예지가 자료적 가치를 지니는 가장 큰 이유는 이러한 시대에 부모의 보호 아래 생활하던 재가 장애인들의 적나라한 목소리가 담겨 있다는 점입니다.

예를 들면 1960년대에 발간된 《시노노메》에는 장애인이 사는 공간을 둘러싼 논의나 자신의 장애를 받아들이는 과정에서 겪은 갈등을 엮은 글이 많이 투고되었습니다. 관련된 특집을 꼽자면 다음과 같은 것들이 있습니다.

　　43호(1961년 2월) 특집 '중증장애인 수용시설'
　　54호(1964년 10월) 특집 '사춘기'
　　55호(1965년 1월) 특집 '청춘기 (I)'
　　56호(1965년 6월) 특집 '청춘기 (II)'
　　61호(1967년 6월) 특집 '가족'
　　65호(1969년 6월) 특집 '재가 장애인'

그중에서도 61호(특집 '가족')와 65호(특집 '재가 장애인') 등에서는 부모에게 보호받으며 살아가고 있는 것의 괴로움이나 부모에 대한 불평불만을 이야기하는 글들이 드

《시노노메》 47호 표지.
일본 국립국회도서관 소장.

문드문 보입니다.

이처럼 귀중한 논의가 기록되어 있는 《시노노메》입니다만, 여기서는 특히 1962년 4월에 발행되었던 특집 '안락사를 둘러싸고'(47호)(이하 '안락사' 특집호)를 뽑아 보고 싶습니다.

1960년대 초에는 인간의 생명을 일정 조건 아래로 선을 긋는 것이 허용되는지에 대한 논의가 사회적인 관심을 끌었습니다. 사법 현장에서 '안락사의 여섯 요건'을 정한 나고야 고등재판소 야마우치 사건 판결[5]이 나왔던 것도 1962년 12월의 일입니다.

---

5 [옮긴이] 아이치현 어느 마을에서 농사를 짓던 청년(야마우치, 당시 24세)의 아버지(당시 52세)는 1956년 뇌졸중으로 쓰러진 후 1959년 다시 출혈을 일으켜 반신불수가 되었다. 팔과 다리를 고정해 두었는데 조금이라도 움직이면 극심한 통증을 느꼈다. 딸꾹질 발작도 일어나 "괴로워. 죽여줘"라고 가족에게 호소했다. 1961년 여름, 가족들은 주치의로부터 "아마 앞으로 7일이나 10일 정도 남았습니다"라고 통보받는다. 아버지가 괴로워하는 모습을 보면서, 이 고통에서 해방시켜 드리는 것이 최후의 효도가 될 것이라고 결심한 청년은 집으로 배달되어 오는 우유병에 농약을 넣었다. 사정을 모르는 어머니가 아버지에게 우유를 마시게 함으로써 아버지는 사망했고 청년은 존속살해로 재판에 넘겨졌다. 1962년 나고야 고등재판소는 판결에서 다음과 같은 '안락사의 여섯 요건'을 내세웠다. ① 환자가 현대 의학 지식과 기술로 치료할 수 없는 병을 앓고 게다가 그 죽음이 눈앞에 다가왔을 것. ② 환자의 고통이 심하고 누구도 진정으로 이를 볼 수 없을

'안락사'라는 말은 현재 '회복할 가망이 없는 말기 환자에게 고통을 완화할 목적으로 행하는 처치'라는 의미로 쓰이고 있습니다. 하지만 당시의 주간지 등을 확인해 보면, 주로 '안락사'의 대상으로 논의되었던 이들은 '삶의 기쁨을 얻을 수 없다'고 간주된 중증장애인들이었습니다(앞의 책, 《장애와 문학》).

《시노노메》 '안락사' 특집호에서도 자신이 '안락사' 대상이 될지도 모른다는 것에 대해 중증장애인으로서 어떻게 생각하는지 논의하고 있습니다.

이 책에서는 이 특집에 대해 상세히 파고드는 것은 피하려고 합니다. 우선 여기서는 이 특집에 기고된 어느 중증장애인의 글에 주목해 보겠습니다.

† '분노'가 자신을 괴롭히다

다음에 인용하는 글은 '안락사' 특집호에 기고된 중증

정도일 것. ③ 오직 환자가 죽음에 이르는 고통을 완화하기 위한 목적에서 행해질 것. ④ 환자의 의식이 명료하여 의사를 표명할 수 있을 경우 본인의 간청 또는 승낙이 있을 것. ⑤ 의사의 손으로 이뤄지는 것을 원칙으로 하며 이를 따를 수 없을 경우에는 수긍 가능한 특별한 사정이 있을 것. ⑥ 그 방법이 윤리적으로도 타당하다고 용인할 수 있어야 할 것. 피고인 야마우치에게는 징역 1년, 집행유예 3년이 선고되었다. 立山龍彦, 《自己決定権と死ぬ権利》, 東海大学出版会, 1998.

장애 여성의 글입니다. 태어난 지 얼마 되지 않아 소아마비를 앓아서 '다리는 완전히, 팔은 9할 정도 쓸 수 없는' 중증 장애가 있으며, 부모 아래에서 생활하고 있는 인물인 듯합니다.

이 여성은 '안락사'에 대해 논의한 특집호 글 중에서도 중증장애인의 '안락사'를 가장 강력히 지지하고 있습니다. 그의 글에서 신경이 쓰이는 한 구절을 인용해 봅시다.

> 정상인은 장애인의 부자유함을 알지 못합니다. '비록 몸은 자유롭지 못해도 마음먹기에 따라 정상인보다 행복할 수 있다'라고 이야기하는 사람이 있습니다만, 그것은 논리뿐인 말이기에 분노마저 느낍니다. 우리들의 부자유함은 논리나 마음먹기로 해결되는 것이 아니고 <u>헌법 25조를 들고 나올 것도 없이, 인간으로서 살아가는 최저 조건은 자신의 신변에 관한 잡다한 일을 해낼 수 있어야 하며 자신의 생활비를 스스로 버는 것이라고 생각하고 있기 때문에</u>, 이 양쪽 모두를 만족시킬 수 없는 각종 중증장애인이나 백치 상태 사람들에게는 솔직히 말해 인정에 호소하여 살아가는 나날밖에 없는 것입니다. 인정에 호소하고 싶지 않다고 생각한다면 자살하는 쪽보다도 별 볼 일 없는 인생이 된다 해도 역시 살아 있는 쪽이 행복한 것인지, 저는 강한 의문을 느끼지 않을 수

없습니다.

_ 마사키 쓰네코正木恒子, 〈엄마와 자식의 입장에서〉

장애인을 향한 안이한 동정에 대한 분노가 담긴 글입니다만, 여기서 문제로 삼고 싶은 것은 그러한 말들이 향하는 방향입니다. 분노의 감정이 안쪽으로 파고들어 자신이 사는 의미를 스스로 낮게 억누르려는 방향으로 달려 나가고 있는 것처럼 보입니다.

특히 밑줄 친 부분에 주목해 봅시다. 글에서 언급하고 있는 일본국 헌법 25조란 '모든 국민은 건강하고 문화적인 최저한도의 생활을 영위할 권리를 가진다'라는, 소위 생존권을 규정한 조문입니다. 이 글을 쓴 본인은 헌법 25조를 '인간으로서 살아가는 최저 조건은 자신의 신변에 관한 잡다한 일을 해낼 수 있어야 하며, 자신의 생활비를 스스로 버는 것'이라고 잘못 파악하고 있습니다.

그의 생존권에 대한 이해(오해)를 풀어 봅시다. 아무래도 그는 '자신의 신변에 관한 잡다한 일'을 스스로 해 나가는 것이 가능하고 '자신의 생활비'를 스스로 버는 일이 '인간으로서 살아가는 최저 조건'이며, 그 '조건'을 만족시키는 자만이 '건강하고 문화적인 최저한도의 생활을 영위할 권리를 가진다'라고 해석하고 있는 듯합니다.

'의무를 다한 자에게만 권리가 주어진다'라는 말은 '권리'라는 개념에 대해 흔히 보이는 오해(몰이해)입니다만, 그렇다고 해도 이 인물은 어떻게 해서 자신도 장애인이면서 자신들의 편인 생존권을 이렇게 왜곡된 형태로 해석하고 있는 것일까요?

실은 그의 글 후반부에 그 대답 비슷한 것이 보입니다. 함께 살고 있는 아버지에 대한 분노가 적나라하게 쓰여 있습니다.

> 자기 자식에게 정말 성실한 애정을 갖고 있는 아버지라 해도 수입이 없는 중증장애인이 이성 장애인 친구를 갖는 것을 허락하지 않거나 이를 묵인하더라도 경멸적인 시선을 던지는 사람이 많고, 이런 측면에서 아버지에게 심한 불만을 가지고 있기에 아버지를 향한 애정을 잃은 사람도 있습니다. 이 문제에서도 어머니의 경우 자기 자식을 믿고 이해를 보이는 사람이 많은데도 아버지는 타인인 것처럼 "<u>수입도 없고 걷지도 못하는 놈이 제대로 된 이성 친구를 원한다는 건 분수도 모르는 것이다. 부양받고 있는 놈은 그 처지답게 살아라</u>"라는 생각을 언동으로 나타냅니다. 외출이 불가능한 중증장애인은 이와 같은 치명적인 아버지의 생각에도 복종할 수

밖에 없으며 그 결과 고독감만 쌓여 허무한 기분이 되는 것은 당연하겠지요.

아버지의 말이 직접인용으로 소개되고 있는 밑줄 친 부분에 주목해 봅시다. 조금 전의 생존권에 대한 오해(몰이해)와 딱 겹칩니다.

'자신의 신변에 관한 잡다한 일을 해내는 것'이 '걸을 수 있는' 것에 해당하고 '자신의 생활비를 스스로 버는 일'이 '수입'이 있는 것에 해당합니다. 이러한 최저한도의 자립이 가능해야만 '이성 친구를 원한다'라는 '제대로' 된 권리를 주장할 수 있는 것입니다.

아마 이 여성은 일상적으로 아버지에게 이러한 말의 억압을 받고 있었던 것이겠지요. 이 글을 읽고 있으면 장애인을 억압하는 부모의 말이 대부분 그대로 장애인 당사자의 입으로 나온다는 것을 깨닫게 됩니다.

장애인을 억압하는 아버지를 향한 분노가 정작 아버지를 향하지 않고, 왜인지 장애인인 자신을 탓하고 괴롭히는 쪽으로 향하고 있다는 점에도 주의가 필요합니다.

압도적으로 약한 입장에 놓인 사람이 그 입장에 자신이 놓여 있다는 것에 대한 분노나 슬픔을 표현하려고 할 때,

다름 아닌 자기 자신을 부정하는 듯한 말을 쏟아내는 것밖에 할 수 없는 사례가 마이너리티의 자기 표현에서 종종 보입니다.

실은 요코타 히로시도 이《시노노메》의 '안락사' 특집호를 읽은 감상을 기고했습니다. 거기서 그는 다음과 같이 썼습니다.

> 중증장애인에게 정신의 승화 같은 건 바랄 수 없습니다.
> 현실의 일상생활에서 단추 하나 채우지 못하고 매일의 생리적 욕구마저 다른 사람의 안색을 살피지 않으면 말할 수 없고 한 조각 빵, 한 잔의 물조차 자신의 의지로는 어찌할 수 없는 중증장애인에게 무슨 가능성입니까. 무슨 생명의 가치입니까.
>
> _ 요코타 히로시, 〈과정〉

읽어 보면, 요코타 자신도 중증장애인이 사는 의미를 부정하고 있는 것 아닌가 싶게 읽히는 글입니다. 앞서 보았던 여성의 글에서도 똑같이 화남이나 분노 등의 감정을 자기 자신의 가치를 깎아내리는 형태로밖에 표현할 수 없는 모습이 보입니다.

1960년대의《시노노메》에 실린 재가 장애인의 글을

읽다 보면 이러한 사고회로를 가진 사람과 만나는 일이 적지 않습니다. 차별과 억압을 받은 고통을 표현하고자 할 때, 자신을 차별·억압하는 사람들이 쓰는 말로만 이야기해야 하는 상황에 놓여 있지 않았을까 생각합니다.

이런 말을 우리는 '누구의 말'로 받아들이면 좋을까요.

앞서 소개했던 요코타의 말을 떠올려 보세요.

장애인은 '항상 빼앗긴 언어와 의식으로만 사물을 볼 수밖에 없으며 행동하는 것도 불가능'하다고 했습니다. '언어와 의식'을 '빼앗겼다'는 것은 아마도 이와 같은 상태를 가리키는 것이라고 생각합니다.

† '이해'와 '지배'는 종이 한 장 차이

'장애인운동'을 확실한 '주체성'이나 '의사'를 가진 '강한' 장애인이 하는 것이라는 이미지로 받아들이는 경우가 곧잘 있습니다.

물론 그런 이미지를 갖게 된 데는 그 나름의 이유가 존재하겠지요. 특히 푸른잔디회는 다른 운동단체보다도 '주체성'이나 '본인의 의사'를 중요하게 여겼기 때문에 그러한 자세가 많은 이들에게 엄격한 모습으로 받아들여진 것도 사실이라고 생각합니다.

최근에는 1970년대 이후의 장애인운동이 쌓아 올린 이러한 이념이 도그마화하여 지역사회에서 자립생활을 꾸리는 장애인에게 확고한 '주체'와 '의사'를 갖춘 '강한 장애인'이 될 것을 과도하게 강요하는 문제 또한 지적되고 있습니다(유다 유이油田優衣, 〈강박적·배타적인 이상으로서의 '강한 장애인 상像'〉).

원래 자신의 '주체'나 '의사'란 다분히 상황 의존적인 측면이 있습니다. 스스로에게조차 '자신은 어떤 사람인가'를 설명하지 못하는 경우도 드물지 않습니다(최근에는 열린 대화를 통해 이러한 자신의 상을 모색해 가는 '당사자 연구'라는 방법론도 주목받고 있습니다). 그런 의미에서 어떠한 상황에도 좌우되지 않는 '주체'나 '의사'라는 것을 내재적으로 갖추고 있는 인간은 존재하지 않습니다.

단, 푸른잔디회가 목소리를 높였던 때는 장애인에게 '주체성' 따위는 존재하지 않는다고 생각하던 시대입니다. 장애인의 '의사'도 부모나 전문가인 '정상인'에 의해서 대변되거나 대행되어야 한다고 생각하던 시대입니다.

그러한 시대 상황에서 자신의 존재감을 보여주기 위해서는(자신이 '존재'하고 있다는 것을 보여주기 위해서는) '과격'하다고 생각되는 언동을 내보여야만 했던 것이겠지요.

요코타 히로시는 1970년이라는 시점에 '지금 우리에게는 상대방에게 이해받도록 하는 일보다도, 오히려 상대방에게 거부당하는 일이 중요한 것 아닌가'(〈메이데이 회장에서〉)라고 쓰고 있습니다.

원래 '타인을 이해한다'는 것은 그 타인이 자신과는 다른 존재임을 인정하는 것에서부터 시작합니다. '상대방은 자신과 다른 존재이기 때문에 상대방을 멋대로 규정해서는 안 된다'라는 최저선을 지키지 않는다면 '상호 이해'는 성립하지 않습니다. '상대방을 멋대로 규정해도 되는 이해'는 강자에 의한 약자 지배에 지나지 않습니다. 이러한 '이해'는 '자신의 이해를 뛰어넘는 사람', '자신이 속 시원하게 이해할 수 없는 사람'을 반드시 공격합니다.

요코타가 '이해'보다도 '거절'이 필요하다고 느낀 것은 '당신과는 다른 존재가 여기에 있다'라는 메시지를 던지기 위해서였다고 생각합니다. 진정한 '상호 이해'를 쌓아 올리려면 한번 밑바닥에서부터 '거절'당하여 '정상인은 이해할 수 없는 장애인'이라는 이미지를 만들 필요가 있었을 테지요.

푸른잔디회의 운동이란 '정상인'들이 과격하다고 기피

하는 언동을 통해 자기주장을 하지 않으면 자신들의 존재는 없는 것이 되어 버리는 입장에 놓인 장애인들이 벌인 싸움이었다고 말할 수 있겠습니다.

혹은 '정상인'이 '과격'하다고 받아들이는 언동을 통해 자기 자신이 '주체'나 '의사'를 갖춘 존재라는 것을 확인하려 한 것이라고 해도 좋을지 모르겠습니다.

푸른잔디회의 '행동강령' 제2조는 '우리는 강렬한 자기주장을 행한다'라고 되어 있습니다(2장 참조). 하지만 이번 장에서 본 것처럼 장애인운동은 '원래부터 자기주장을 할 수 있었던 사람들'이 시작한 것이 아닙니다. 오히려 원래 '주장해야 할 자기'란 무엇인가, 나는 그것을 가지고 있는가에 대해서 갈등하는 것에서부터 시작된 것입니다.

5. 장애인은 살해당해도 어쩔 수 없는가

2016년 여름, '감동 포르노'라는 말이 화제가 되었습니다.

계기가 된 것은 NHK 교육 텔레비전 E의 정보 버라이어티 프로그램 〈바리바라Barrierfree Variety Show〉입니다. 이 프로그램은 니혼테레비(방송사) 계열의 유명 자선 프로그램 〈24시간 TV 39 "사랑은 지구를 구한다愛は地球を救う"〉의 종반부와 겹치는 시간대에 맞부딪혀 〈검증! '장애인×감동' 방정식〉이라는 제목의 생방송을 진행하면서 〈24시간 TV 39〉에서 보여준 장애인의 묘사 방식을 비판했습니다.

'감동 포르노inspiration porn'라는 말은 호주의 저널리스트 스텔라 영Stella Young이 처음 사용한 것으로 알려져 있습니다. NHK 교육 텔레비전의 이 기획을 상세히 보도한 아사히신문(2016년 9월 3일 자)의 기사는 다음과 같습니다.

> 방송에서는 모두에 호주의 저널리스트이며 장애인인 고故 스텔라 영 씨의 연설 영상을 내보냈다. 스텔라 씨는 감동이나 용기를 북돋

우기 위한 도구로 장애인이 사용되고 묘사되는 것을 '감동 포르노'라고 표현하고 "<u>장애인이 극복해야만 하는 것은 자신들의 몸이나 병이 아닌, 장애인을 특별하게 보고 물건으로 취급하는 사회이다</u>"라고 지적했다.

_〈'장애인×감동'을 묻는다〉

밑줄 친 스텔라 영의 주장은 일본 장애인운동이 외쳐 왔던 슬로건과도 겹칩니다. 1장에서 소개했던 '전장연'은 '장애로부터의 해방이 아니라 장애인 차별로부터의 해방'을 외쳤습니다. 동서양을 넘어 또 시대를 넘어, 사회에 질문하는 장애인이 던진 메시지에 공통되는 부분이 있다는 것이 무척이나 흥미롭습니다.

'감동 포르노'라는 말이 뛰어난 점은 장애를 극복하기 위해 애쓰는 기특한 장애인에게 감동하고 일방적으로 힘을 받는 소비자적인 태도를 적확하게 말로 짚어 냈다는 데 있습니다. 이러한 장애인의 모습을 보고 감동한 사람에게 그렇게 감동한 것 자체가 차별로 이어지는 증거라고 지적하는 셈이기 때문에 무척이나 날카롭고 혹독한 말입니다.

스텔라 영처럼 장애인을 고정적인 가치관으로 파악하는 것을 비판하는 주장이 지금까지 여러 논자로부터 제출되어 왔습니다. 예를 들어 로이스 키스Lois Keith의 평론 《클라라는 걷지 않으면 안 되는 거야?》[원서명: *Take Up Thy Bed and Walk: Death, Disability and Cure in Classic Fiction for Girls*]는 《하이디》나 《작은 아씨들》 같은 고전 명작에서 묘사된 소녀의 모습과 장애인의 모습을 비판적으로 검토한 명저입니다.

제가 이 책에서 소개하고 있는 푸른잔디회도 이러한 '장애인의 묘사 방식'에 큰 관심을 갖고 자주 저항 행동을 벌여 왔습니다. 예를 들면 1979년에 이들은 쇼가쿠칸에서 발행한 《빅 코믹·오리지널》(9월 5일 호)에 게재되었던 《야광충夜光虫》(가키누마 히로시柿沼宏 글, 시노하라 토오루篠原とおる 구성·그림) vol. 100 〈태아 심장박동 이상〉이 장애인 살해를 긍정적으로 그리고 있다고 항의했습니다. 푸른잔디회가 쇼가쿠칸에 보낸 항의문에는 다음과 같이 적혀 있었습니다.

> (해당 작품은) 우리 뇌성마비자를 '불행한 존재', '부모의 부담이 되는 존재'로만 그리고, 게다가 뇌성마비 아동을 죽임으로써 '불행'을 제거한다는 악질적인 묘사 방식을 행하고 있습니다.
> 이는 뇌성마비자의 생존권을 부정하는 것이며 뇌성마비자의 존재를 '악'으로만 파악하는 것으로, 우리 뇌성마비자로서는 절대 용서할 수 없는 작품입니다.
>
> _《아유미》 49호 수록.

푸른잔디회의 항의를 전하는 기사.
아사히신문 1979년 9월 5일 자 석간 6면.

푸른잔디회가 이렇게까지 화를 냈던 해당 작품은 어떠한 내용이었을까요. 이 건을 자세히 소개하고 있는 아사히신문(1979년 9월 5일 자) 기사에는 다음과 같이 나와 있습니다.

줄거리는 다음과 같다. 심장병이 있는 주부가 남자아이를 낳았는데 이 아이는 중증 뇌성마비이다. 모자가 함께 병을 앓는 가족은 의욕을 잃게 되고 주인공인 여의사들도 고민한다. 그러던 중에 아기를 받아 주었던 산부인과 의사가 "병을 앓는 어머니와 불행한 아버지를 구하기 위해" 아이의 링거액에 약품을 주입, 살해한다. 이 와중에 작가는 주인공에게 "그 아이는 부부에게 무거운 짐밖에 되지 않는다고 생각한다", "의사란 원래 '신과 같이 더럽혀진 손'을 갖고 있다. 그렇기 때문에 의사는 경우에 따라서는 '신'이 되지 않으면 안 된다"라고 말하게 하여, 의사의 장애인 살해를 긍정적으로 묘사하고 있다.

_〈'장애인 살해' 그린 극화지 회수〉

푸른잔디회의 《빅 코믹·오리지널》에 대한 항의 전단.
가나가와현 사회복지협의회 자료실 소장.

푸른잔디회는 이 작품이 보여준 "뇌성마비자를 '불행한 존재', '부모의 부담이 되는 존재'로만 그리고, 게다가 뇌성마비 아동을 죽임으로써 '불행'을 제거한다는 악질적인 묘사 방식"을 문제시하였습니다. 이러한 만화의 줄거리가 실제 사회의 가치관과 겹치게 되어 버리는 것, 또 반대로 실제 사회의 가치관이 만화 줄거리로 재생산되어 '장애인 살해'를 긍정하는 분위기가 조장되어 버리는 것을 경계한 것입니다.

결과적으로 발행처인 쇼가쿠칸은 푸른잔디회의 항의를 받아들여 잡지의 회수에 응했고 사죄문을 내기에 이르렀습니다.

실은 푸른잔디회가 처음으로 펼친 본격적인 대외활동도 '장애인 살해'에 관한 것이었습니다. '장애인 살해' 그 자체도 비판했습니다만 동시에 '장애인 살해'가 긍정적으로 그려지거나 이야기될 때, 거기에 허용할 수 없는 기만이 있음을 지적한 것입니다.

† '가해자를 향한 동정'은 허용되는가

푸른잔디회가 그 이름을 널리 알리게 된 계기는 장애 아동 살해사건에 대한 감형 탄원 반대운동이었습니다(이하, 감형반대운동이라고 표기). 1장에서 개략적인 내용을 썼습니다만, 당시의 신문 기사를 토대로 사건의 상세한 내용을 확인해 보겠습니다.

1970년 5월 29일, 가나가와현 요코하마시 가나자와구에서 중증 뇌성마비 여아(2세)가 친모(30세)에 의해 교살당하는 사건이 발생했습니다. 이 엄마로부터 왕진 의뢰를 받고 방문한 의사가 아이의 사인에서 수상한 점을 발견, 관할 경찰서에 신고하면서 사건이 발각되었습니다.

이 가정에는 아이가 셋 있었고, 그중 두 명이 뇌성마비 장애가 있었습니다. 특히 살해당한 여아(장녀)는 누워 있기만 하는 채로 사건 발생 직전까지 말을 하는 것조차 불가능했던 것 같습니다. 석유회사에서 일하는 남편은 월요일에서 토요일까지 출장으로 집을 비웠고 일요일에 귀가, 다시 월요일부터 출장을 나가는 생활을 하고 있었습니다.

육아와 돌봄에 지친 엄마는 개소한 지 얼마 되지 않는 중증아동시설 '아동의료센터'(가나가와현 요코하마시)에 아이를 맡기려고 생각했던 것 같지만, 이 센터는 현립이었기 때문에 정령지정도시[1]였던 요코하마 시민을 위한 자리가 적어서 입소를 거절당했습니다.

엄마는 다른 시설에도 입소 상담을 했던 것으로 보이지만, 모두 현과 정령지정도시라는 종적 관계의 벽에 부딪혔고 입소할 수 없었습니다(〈절망에 울었던 엄마와 아이〉, 아사히신문 가나가와판, 1970년 6월 7일 자).

사건 직후 엄마의 모습은 다음과 같이 전해졌습니다.

> 머리는 부스스하게 흐트러졌고, 어린아이를 안고 생활하느라 무척 지친 표정이었다. 조사를 할 때도 거의 울기만 할 뿐이어서 조사원도 곤란해 했다.
>
> _〈소아마비 아동 살해〉, 요미우리신문 1970년 5월 29일 자.

---

1 [옮긴이] 일본 내각에서 제정하는 정령政令에 의해 지정된 인구 50만 명 이상의 시. 정령은 헌법과 법률을 실시하기 위해 제정하는 것으로, 한국의 시행령에 해당한다.

간병으로 인한 정신적인 피로가 쌓여 발작적으로 범행에 이르렀다고 관할 경찰서는 보고 있다.

_ 〈뇌성마비 여자 유아 살해〉, 가나가와신문 1970년 5월 30일 자.

사건 이후, 이 엄마와 같은 입장에 있는 사람들이 목소리를 냈습니다. 가나가와현 심신장애아동부모회연맹이 요코하마 시장 앞으로 다음과 같은 항의문을 보낸 것입니다.

요코하마시 가나자와구에서 5월 29일, 또다시 엄마에 의한 장애아동 살해가 일어났습니다. 부모가 자신의 아이를 죽이는 데까지 내몰리게 된 것에 대해 우리는 같은 입장에 있는 사람으로서 깊은 분노를 느낍니다. 시설도 없고 가정에 대한 치료 지도도 없습니다. 사회에서 생존권을 부정당하고 있는 장애아동을 죽이는 것은 어쩔 수 없는 결과라고 생각합니다. 밤낮으로 울부짖을 수밖에 없는 아이와 부모를 방치해 온 복지 행정의 절대적 빈곤에 우리는 강력히 항의하는 것과 동시에 중증 아동 대책의 조속한 확립을 요구합니다.

_ 〈절망에 울었던 엄마와 아이〉, 앞의 기사.

사건이 일어난 주택 지구의 반상회에서도 부녀회가 중

심이 되어 엄마의 감형을 요구하는 서명운동이 벌어져 약 700명의 서명이 모였다고 보도되었습니다(〈죄는 죄로 판단하라〉, 아사히신문 가나가와판, 1970년 7월 6일 자).

이와 같은 '가해자인 엄마를 향한 동정'에 대해서 푸른잔디회는 항의의 목소리를 높였습니다. 그들이 어째서 이 사건에 대해 분노하고 왜 엄마의 감형 탄원에 반대했는가. 그 이유를 이어서 정리해 두도록 하죠.

요코즈카 고이치의 《엄마! 죽이지 마》와 요코타 히로시의 《장애인 살해의 사상》에는 이 사건에 관한 자세한 서술이 있습니다. 그것에 근거하여 푸른잔디회가 엄마의 감형 탄원에 반대한 이유를 네 가지로 정리해 보겠습니다.

첫째, 이 사건과 관련하여 살해한 엄마에게만 동정이 모이고 살해당한 장애아동에 대해서는 아무도 생각하지 않았다는 점입니다.

실제로 푸른잔디회가 감형 탄원에 반대하는 취지가 보도되자(〈죄는 죄로 판단하라〉, 앞의 기사) 푸른잔디회를 향해 "남은 엄마를 채찍질하는 것은 불쌍하다", "더욱 큰 문제인 시설 부족을 애매하게 만들기에, 감형을 반대하는 의견서는 오히려 도움이 되지 않는다고 생각한다"라는 비판이 제기되었습니다(〈채찍질은 불쌍하다〉, 아사히신문 가나가와판, 1970년 7월 15일 자).

둘째, 감형 탄원의 이면에 '정상인'들의 기만이 있다는 점입니다.

푸른잔디회 회원들은 장애아동이 있는 가정이 주변 주민들로부터 홀대받는 경험을 하며 자라 왔습니다. 이 사건의 배경에도 그와 같은 지역의 문제가 존재하고 있을 터인데, 그것을 돌이켜보지 않고 위선적인 감형 탄원이 이뤄지고 있다고 비판한 것입니다.

셋째, '비극'의 원인이 쉽고 간편하게 시설 부족으로 연결되어 버리고, 해결책으로 부모 입장에서 바라본 시설의 필요성이 제창되고 있다는 점입니다.

만약 장애아동 살해라는 '비극'을 피하기 위해 시설이 필요하다고 한다면, 시설에 입소하는 것은 살해를 대체하는 것이 되어 버립니다. 푸른잔디회는 이러한 논리로 시설을 필요로 하는 것은 부모이며, 장애인은 그러한 것을 요구하지 않는다고 호소했습니다(1장에서 본 것처럼 당시는 각지에 거대 콜로니가 건설되던 시대입니다).

넷째, 장애아동의 생존권이 멸시되는 것은 지금 살아가고 있는 장애인의 생존권도 위협하게 된다는 점입니다.

당시 이러한 종류의 장애아동 살해사건이 일어났을 때, 가해자인 부모는 불기소 혹은 기소유예 처분을 받거나 재판이 진행되더라도 무죄 판결을 받았습니다. 그러나 살해당한 이가 장애아동이기 때문에 죄를 묻지 않는다면, 장애인은 언제 살해당할지 알 수 없는 공포와 함께 살아갈 수밖에 없게 됩니다.

이러한 이유에서 푸른잔디회는 어머니의 감형 탄원 반대를 호소하며 엄정한 재판이 이뤄질 것을 희망했습니다. 그들은 거리 연설을 하거나 검찰청과 재판소에 엄정한 재판을 요구하는 의견서를 제출하는 등의 활동을 벌였습니다. 그 의견서에는 다음과 같이 쓰여 있습니다.

> 설사 누워 있기만 하는 중증 아동이라 하더라도 그 생명은 존중받아야만 합니다. 본 사건의 원인을 시설이 부족하다는 것과 복지 정책의 빈곤으로 돌려 버리면 간단하겠지요. 하지만 그로 인해 피고의 죄가 없어진다면, 즉 본 재판에서 혹시라도 무죄 판결이 내려진다면, 그 판례는 중증 아동(중증장애인)의 생명을 경시하는 풍조를 점점 조장하여 뇌성마비자를 더욱더 이 세상에 있어서는 안 되는 존재로 몰아넣게 되어 버릴 것이라고 생각합니다.
>
> _《아유미》 10호 수록.

거리 연설 중인 요코타 히로시.
《안녕 CP》에서. ⓒ싯소우 프로덕션.

결과적으로 이 사건은 발생 1년 후인 1971년 6월에 요코하마 지방검찰이 기소하여 제1회 공판으로부터 1개월 만에 결심이 열렸고, 피고인 어머니에게는 징역 2년에 집행유예 3년 판결이 내려졌습니다.

이 감형반대운동 과정에서 푸른잔디회가 싸웠던 상대는 누구였을까요.

개별적인 상대를 지목하자면 그것은 장애아동을 살해했던 피고 본인, 요코하마 시장 앞으로 항의문을 보냈던 가나가와현 심신장애아동부모회연맹, 감형 탄원 서명운동을 벌였던 지역 주민과 거기에 동조했던 사람들, 피고를 1년 동안이나 기소하지 않고 살인죄의 최저형량인 징역 3년보다도 짧은 2년을 구형했던 요코하마 지방검찰, 겨우 1개월의

푸른잔디회 감형 반대운동에서 작성된 전단.
가나가와현 사회복지협의회 자료실 소장.

공판으로 집행유예 판결을 내린 요코하마 지방재판소일 것입니다.

하지만 또 한편으로 그들은 '장애인은 불행', '장애인은 비극의 원인', '장애인은 시설에서 살 수밖에 없다', '장애인은 살해당해도 어쩔 수 없다'라는 고정관념(상식)과도 싸우고 있었습니다.

장애인 문제에 대해 생각할 때, 왜 '정상인'들은 이러한 틀 속에서 사고할 수밖에 없을까. 요코즈카 고이치는 그러한 사고방식을 '무책임한 동정론'이라고 강하게 비판합니다.

이 사건이 발생하자 신문을 비롯한 언론매체에서는 "또다시 일어난 비극, 복지 정책의 빈곤이 만든 비극, 시설만 있었다면 구할 수 있었다" 등을 기사로 썼으며, 여기에 호응하여 지역 반상회나 장애 아동을 가진 부모들의 단체가 감형 탄원 운동을 시작했다. (중략) 이와 같은 언론매체 캠페인, 거기에 따른 장애인 부모 형제의 움직임 그리고 또 이들에게 부화뇌동하는 형태로 나타나는 <u>무책임한 동정론</u>은 이러한 종류의 사건이 일어날 때마다 반복되는 일인데, 이들은 모두 살해한 부모 편에 서 있고 그 '비극'이라는 것도 살해한 부모, 즉 '정상인'이 맞이한 비극이며 이 경우 가장 중요히 여겨져야 할 당사자(장애인)의 존재는 통째로 빠져 버리는 것이다. 이와 같은 사건이 반복될 때마다 우리 장애인은 이루 말할 수 없는 분노와 위기감을 갖지 않을 수 없다.

_《엄마! 죽이지 마》, 96~97쪽.

† 부모의 '살의'를 응시하다

푸른잔디회의 감형 반대운동은 다음의 이유들로 인해 특이한 운동이었습니다.

첫째, '장애인의 부모'를 비판했습니다.

원래부터 푸른잔디회는(푸른잔디회를 통한 뇌성마비 장애인들의 운동은) '부모'를 비판하는 말들을 해 왔습니다 (2장 참조). 요코즈카 고이치도 이 사건 발생 이전부터 "부모를 통해 우리 위를 덮쳐들어 오는 상식화된 차별의식"과 싸워야만 한다고 주장했습니다(《엄마! 죽이지 마》, 25쪽).

이러한 부모 비판이 감형반대운동을 통해 실제 행동으로 나타난 것입니다.

푸른잔디회는 장애인의 부모가 종종 토로하는 "이 아이보다 먼저 죽을 수 없다", "이 아이는 내가 지키지 않으면 안 된다"라는 절실한 생각, 바로 그런 생각에 장애인을 억압하는 심리가 잠재되어 있다고 지적했습니다. 많은 부모가 장애인과 각자 살아간다는 발상을 하지 못하고 장애인의 모든 것을 끌어안으려고 합니다. 그러한 부모의 태도가 장애인의 자립을 막는 벽이 되고 그 '끌어안음'이 한계를 넘어 파탄에 이를 때, 부모 자식의 동반자살이나 아이 살해 같은 일이 발생한다고 비판한 것입니다.

푸른잔디회 '행동강령' 제3항에서 '우리는 사랑과 정의를 부정한다'라고 선언하고 있는데, 이 강령이 기초되었던 직접적인 계기도 이 사건이었습니다. "장애인에게는 이렇게 해 주는 것이 좋다"라는 부모의 '사랑과 정의'가 장애인을 억압한다고 호소한 것입니다.

둘째, 부모를 비판하는 동시에 시설도 거절했습니다.

그때까지 장애인이 살아가는 세계라고 하면 부모 아래

(본가)이거나 시설, 이렇게 둘뿐이었습니다. 하지만 푸른잔디회는 부모 아래도 시설도 부정하고 지역사회에서 살기를 요구했습니다.

부모 아래도 시설도 부정한 그들에게 "그러면 어떻게 해야 하냐?"라는 비판이 집중되었습니다. 그러나 푸른잔디회는 그렇게 쉽게 '답'을 내기를 거부했습니다('행동강령' 제4항에는 '문제 해결이라는 길을 선택하지 않는다'라고 되어 있죠). 그 이유에 대해 요코즈카 고이치는 다음과 같이 말합니다.

> (장애인이 부모와 시설 모두를 비판하면) 또 토의도 되지 않은 채 "그러면 어떻게 하면 좋겠어?"라는 말이 되돌아옵니다. 그 경우 저는 "그렇게 간단히 '그러면 어떻게 하면 좋겠어?'라고 말하지 마"라고 딱 잘라 말합니다. 왜냐면 상대방의 "그러면 어떻게 하면 좋겠어?"라는 말은 정말로 어떻게 해야 하는가 묻는 것이 아니라 우리들의 문제 제기를 얼버무리고 눌러 뭉개는 것이 목적이기 때문입니다.
>
> _《엄마! 죽이지 마》, 31쪽.

지금까지 푸른잔디회를 검토한 연구들은 이 감형반대

운동의 특이점으로 주로 위의 두 가지를 지적해 왔습니다. 그러나 이번 장에서는 여기에 더해 또 한 가지 중요한 문제를 검토해 보고자 합니다.

장애아동 살해사건이 '정상인'의 언어로만 일방적으로 이야기될 때, 푸른잔디회가 경계했던 '사랑과 정의'가 내세워질 때, 어떤 중요한 논점이 은폐되어 버리게 됩니다. 그 문제에 대해 생각해 봅시다.

푸른잔디회 가나가와현연합회 회보《아유미》및 요코타 히로시의《장애인 살해의 사상》에는 이 사건의 판결문이 자료로 수록·인용되어 있습니다. 판결문에서 '죄로 보아야 할 사실'은 다음과 같이 인정되어 있습니다.

> (전략) 쇼와 45년[옮긴이: 1970년] 5월 29일 오전 0시경, 전기前記 자택 안쪽 6첩 방에 있는 침대에서 자고 있던 ●●가 갑자기 울음을 터트리며 얼굴을 손으로 긁고 있는 모습을 보고 있던 중, 자신과 아이의 장래에 모든 희망을 잃고 아이의 장래를 위해서는 그 아이를 살해하는 편이 좋다고 순간 결심하여 옆에 있던 앞치마(쇼와 46년, 압수품 제266호)의 끈을 아이의 경부에 감아 강하게 조였고 이로써 그 무렵 같은 장소에서 아이를 질식시켜 살해한 것이다.
>
> _《아유미》15호에 수록. 원문에는 ●●에 실명이 들어가 있음.

피고인 어머니는 "자신과 아이의 장래에 모든 희망을 잃고, 아이의 장래를 위해서는 그 아이를 살해하는 편이 좋다고 순간 결심하여" 목을 졸랐다고 인정되어 있습니다.

장래를 비관하고 아이를 동정했다는 판결문에 사건 후 일어났던 감형 탄원 운동의 영향(혹은 감형을 요구하는 여론을 의식한 흔적)이 보입니다.

그러나 이 판결문과 사건 발생 직후의 신문 보도를 비교해 보면 신경 쓰이는 차이점이 발견됩니다. 피고가 친자식의 목을 졸랐던 양상에 대해 당시 신문은 다음과 같이 보도하고 있습니다.

> 관할 경찰서에서 조사한바, 모친 ●●●(30세)이 같은 날 오후 0시경 격한 울음을 그치지 않는 ●●양을 "시끄럽다"며 앞치마의 끈으로 목을 졸라 살해하였다는 것이 밝혀져 ●●●을 살인 용의자로 체포하였다.
> _〈소아마비 아동 살해〉, 앞의 기사. 원문에는 ●●에 실명이 들어가 있다.

자백에 따르면 H씨(아버지)의 세 아이 중 두 명이 선천성 뇌성마비로, 특히 장녀는 중증이며 생후 2년 7개월인 최근까지도 말을 하지 못하고 누워 있기만 했다고 한다. M씨(어머니)는 28일 밤 10시경 아이들을 재웠지만 0시가 지나 장녀가 갑자기 울음을 터트리더니 울음을 그치지 않았기에, 낮부터 아이들을 돌보느라 식사도 하지 않고 신경을 곤두세운 채였기에 울컥하여 목을 졸랐다.
_ 〈뇌성마비 여자 유아 살해〉, 앞의 기사. 이니셜 표기는 원문 그대로이다.

신문 보도에서는 사건 발생 시 피고가 "'시끄럽다'며 앞치마의 끈으로 목을 졸라 살해하였다", "신경을 곤두세운 채였기에 울컥하여 목을 졸랐다"라고 전하고 있습니다. 읽어 보면 판결문이 인정했던 '죄로 보아야 할 사실'과 상당한 어긋남이 있습니다.

신문 보도와 판결문을 비교하면 어머니가 아이를 "울컥하여 목을 졸랐다"는 사건이 어머니가 장래를 비관하고 아이를 동정하여 목을 졸랐다는 사건으로 바뀌어 있는 것입니다.

이 책에서는 둘 중 어느 것이 '진실'인지 판정할 수 없습니다. 또 어느 쪽이 '진실'인지를 현시점에서 결론짓는 것은 의미가 없다고 생각합니다. 여기서는 우선 신문 보도에는 쓰여 있었던 것이 판결문에서는 자취를 감추었다는 점에 주목하고자 합니다.

그것은 엄마가 아이를 손으로 움켜쥔 순간의 살의입니다. 요코즈카 고이치는 《엄마! 죽이지 마》에서 다음과 같이 지적합니다.

> 피고인 ●●●●●의 경찰 조사와 공판에서의 증언으로 명백해졌는데, 그녀는 중증 아동인 자신의 아이를 이전에도 살해하려고 생각했으며, 마침내 저항할 수 없는 두 살 먹은 아이에게 칼을 휘두른 것도 다름 아닌 그녀이다. 왜 그녀는 살의를 가진 것일까. 이 살의야말로 이 문제를 논하는 모든 경우의 기점이 되어야만 한다.
> _《엄마! 죽이지 마》, 42쪽. 원문에는 ●●에 실명이 들어가 있다.

확실히 피고인 어머니는 육아에 지쳤고, 복지제도로도 구제되지 못했으며, 극한까지 내몰려 있었겠지요. 이 점은 푸른잔디회도 인정하고 있습니다. 하지만 그렇다 하더라도 피고인 어머니가 범행 시에 장애아동을 향한 살의를 품고 있었다는 것은 없어지지 않습니다. 그 점을 추궁해야 한다고 요코즈카는 지적합니다.

요코즈카가 강하게 비판했던 '무책임한 동정론' 속에서는 장애아동을 향했을 살의가 자취를 감추는 대신 비관과 동정이 눈에 띄게 그려지고 있는 것입니다.

† '보고 싶지 않은 것'을 들추어내다

엄마가 아이에게 살의를 품고 있었다는 점. 그것이 어떠한 살의였는가 하는 점. 이러한 사정은 사실 세상 사람들이 가장 보고 싶어 하지 않은 것일지도 모릅니다.

푸른잔디회가 '정상인'들로부터 짜증 섞인 미움을 받았던 가장 큰 이유가 이런 점에 있었다고 생각합니다. 그들은 '정상인'이 외면하고 싶어 하는 것의 존재를 바로 정면에서 지적했습니다. 그중에 가장 큰 것이 장애인을 향한 살의였습니다.

푸른잔디회는 부모를 포함한 '정상인'의 마음에 장애인을 향한 살의가 잠재해 있다고 비판했습니다. 살의는 '살해당하는 쪽'에 있기 때문에 비로소 보이는 것입니다. 살의를 마주한 사람은 자신이 마주한 살의를 무언가 다른 것(예를 들어 비관이나 동정)으로 치환할 수 없습니다.

푸른잔디회 회원 중에서도 장애가 심했던 요코타 히로시는 장애인을 향한 살의에 특히 민감했습니다. 그는 《장애인 살해의 사상》에서 다음과 같이 말합니다.

지금까지 CP 장애인(아동)이 살해될 때마다 반복해서 나온 시설 부족 캠페인 혹은 살해한 쪽인 부모를 구하려는 운동, 그 본질에 있는 "무용한 자는 사회에서 사라져야 한다"라는 정상인 사회의 자세를 포착하지 않는 한, 즉 장애인을 육체적·정신적으로 사회에서 말살시키고자 하는 것은 결코 국가로 대표되는 권력기구뿐만이 아니며 장애인 복지를 큰소리로 계속 외치고 있는 혁신 정당, '장애인' 해방을 권력 투쟁의 한 과정으로 편입시키려 하고 있는 신좌익의 여러분을 포함하고, 더 나아가서 말하자면 <u>우리를 이 세상으로 내보낸 직접 책임자라 할 수 있는 부모의 마음에 어른거리는 정상인의 검푸른 불길 속을 응시하지 않는 한</u>, 장애인운동의 출발은 있을 수 없는 것 아닐까.

_《장애인 살해의 사상》, 28~29쪽.

시인이기도 했던 요코타답게 '검푸른 불길'이라는 섬뜩한 비유로 표현되고 있는 것이야말로 장애인을 향한 살의와 다르지 않습니다.

요코타 히로시는 장애인 운동가로서 40년에 이르는 활동을 통해 일관되게 장애인 살해를 비판했습니다. '정상인'들의 무의식에 장애인들은 경우에 따라 살해당해도 어

쩔 수 없다는 생각이 잠재되어 있는 것은 아닐까 비판했습니다. 요코타가 만년에 출판했던 대담집의 제목도 《부정당하는 생명으로부터의 질문否定されるいのちからの問い》(겐다이쇼칸, 2004)입니다.

어떤 사람이 누군가를 향하여 살의를 품는 것은 개인적인 원한이며, 그 자체가 차별에 해당한다고는 단언할 수 없습니다.

하지만 이 사회 속에 '살의를 마주한 것 자체가 없었던 일처럼 되어 버리는 사람들'이 있다면 혹은 '그 사람들을 향했을 터인 살의가 비관이나 동정 등의 말로 포장되어 버리는 사람들'이 있다면 또는 '그 사람들에게 살의를 표하는 것이 정의가 되어 버리는 사람들'이 있다면, 그것은 그 사람들에게는 무척이나 차별적인 사회라고밖에 말할 수 없습니다.

다시 말해, 장애인에게 살의를 표했던 인물이 살의를 느낄 수밖에 없었던 당시 상황에 있었다고 동정하는 사람은 그 살의를 긍정하게 되는 것 아닐까요. 푸른잔디회의 감형반대운동에서는 이러한 질문이 드러납니다.

그리고 이 질문은 현대를 살아가는 우리와도 결코 무관하지 않습니다.

들어가며에서 우리가 2016년에 일어난 사가미하라 사건의 기억이 점차 옅어져 가는 위기에 놓여 있다고 소개했습니다. 장애인에게 흉악한 살의가 표출되고, 살해가 실행되었다는 사실을 너무나도 쉽게 망각해 버리는 이 사회는 진지하게 '장애인 차별'과 마주할 의사가 있는 것일까요.

당신들은 결국 장애인은 경우에 따라 살해당해도 어쩔 수 없다고 생각하고 있는 것 아닌가? — 푸른잔디회의 질문은 현재의 우리에게도 무겁고 깊게 울려 퍼집니다.

6. 장애인에게 '보통의 생활'이란 무엇인가

 장애인이 사회에 이의를 제기했을 때, 사회관계망서비스SNS 등에서는 왕왕 심한 비난과 헐뜯는 말들이 난무합니다.

 최근의 기억으로 예를 들면 2017년 6월, LCC(저가 항공사) 바닐라 에어 항공에서 일어난 소동이 있습니다. 하반신 불수로 휠체어를 사용하는 기지마 히데토시木島英登 씨(기지마배리어프리연구소 소장)가 바닐라 에어에서 운행하는 비행기(아마미 공항 출발-간사이 공항 도착)에 탑승하려 할 때, 휠체어에서 내려서 탑승할 것을 요구받은 일입니다.

 2017년 8월 7일 자 아사히신문에 이 소동의 상세한 내용이 쓰여 있습니다(기사명, 〈장애인을 배려하는 사회에 아직 도달치 못하다〉). 기사에 의하면 당시 바닐라 에어는 승강기 등의 설비를 아마미 공항에 설치하지 않았던 듯합니다. 이에 기지마 씨가 아마미 공항에 도착했을 때는 동행자가 휠체어째 들고 비행기에서 내렸습니다.

 나중에 기지마 씨가 아마미 공항에서 간사이 공항으로

돌아올 때는 휠체어째 들어 올리는 방법은 위험하다며 바닐라 에어 측에서(항공사의 업무 위탁을 받은 공항 직원이) 탑승을 저지했고, 기지마 씨는 할 수 없이 휠체어에서 내려 계단을 등지고 팔 힘으로 트랩을 오를 수밖에 없었다는 것입니다.

이 문제에 대해 사회관계망서비스SNS 등에서는 기지마 씨에게 '룰을 지켜라', '재수가 좋은 사람', '클레이머claimer' 따위의 비난이 쏟아졌습니다. 이 '룰'이 구체적으로 무엇을 의미하는지 알 수 없습니다만, 아마도 항공사에 사전 연락을 했어야 한다는 정도의 의미였겠지요.

하지만 아사히신문의 기사에 따르면 당시 바닐라 에어는 간사이-아마미 항공편 운항 때 "휠체어를 이용하는 손님이 사전 연락을 할 경우, 탑승을 거절하고 있었다"고 합니다. 그리고 기지마 씨도 "많은 수하물이 있거나 여러 명의 휠체어 이용자가 있거나 하는 등 과도한 부담이 예상될 때는 항공사에 연락을 하고 있다. 단, 과거에는 '당일 공항에서 판단한다'라는 말을 듣고 탑승을 포기하거나 전화 연락 시 이리저리 전화를 돌려야 했던 경험이 있어서 분하게 여겨 왔다"라고 말했습니다.

비행기와 같이 공공성 높은 이동수단은 누구라도 탈 수

있는 것이 중요합니다. 신체의 상태에 따라 '탈 수 있는 사람'과 '탈 수 없는 사람'이 생겨나서는 안 됩니다.

또 대중교통에는 장애인차별해소법이 정한 '합리적 배려의 제공'이 요구됩니다. 휠체어 이용자의 탑승을 거부하는 것은 이 법이 정한 '부당한 차별적 대우'에 해당하겠지요.

들어가며에서도 이야기한 것처럼 장애인차별해소법은 국제연합UN의 장애인권리협약에 기반하여 만들어진 것입니다. 각국이 논의를 쌓아 올린 국제협약에 근거하고 정당한 절차를 거쳐 공포·시행된 법률입니다.

기지마 씨를 향해 가해진 맹비난bashing 가운데 '룰을 지켜라'도 있었습니다만, 이러한 법률보다도 우선하여 반드시 지켜야만 하는 '룰'이란 도대체 어떤 것일까요(아마도 머조리티 측이 만든 '분위기' 정도의 의미밖에 없을 거라고 생각합니다).

다시 말하지만 대중교통은 누구라도 사용할 수 있는 것이어야 합니다. 어떤 이동수단이 휠체어에 대응할 수 있다는 것은 고령으로 몸을 자유롭게 움직이기 어려운 사람도 사용할 수 있다는 의미이며, 몸 상태가 좋지 않아 몸을 움직이기 괴로운 사람도 이를 사용할 수 있을 것입니다. 임신 중인 여성도 작은 아이를 데리고 나온 사람도 사용이 가능할

터입니다.

누구나 살 수 있는 거리. 누구나 쓸 수 있는 이동수단. 이에 반대할 사람은 거의 없을 것입니다. 반대할 이유가 없기 때문입니다. 그러나 장애인이 이러한 주장을 호소하고 문제를 제기할 때, 무척 강한 감정적 반발이 생겨납니다.

이 구도 자체는 예나 지금이나 크게 변하지 않았다고 생각합니다. 왜 이러한 감정적 반발이 생겨나는 것일까요. 이번 장에서는 이 점에 대해서 푸른잔디회의 저항 행동을 예로 들어 생각해 보고자 합니다.

† 가와사키역 앞 버스 로터리에서의 싸움

바닐라 에어의 소동이 일어난 직후, 과거 푸른잔디회가 벌였던 하나의 '사건' 또한 사회관계망서비스SNS상에서 화제가 되었습니다. '가와사키 버스 투쟁'이라고 불리는 푸른잔디회의 저항 행동입니다.

1977년 4월 12일 오후 1시경, 푸른잔디회 멤버 약 60명이 옛 국철(현재의 JR) 가와사키역 앞 버스터미널에서 정차 중이던 버스에 차례로 올라 운행을 멈추게 하는 소동을 벌였습니다.

상세한 내용을 보도한 요미우리신문(1977년 4월 13일 자) 기사는 다음과 같습니다.

> 12일 오후 1시경, 휠체어 장애인 약 60명이 보조인에게 안겨 국철 가와사키역 앞 버스터미널(35개 노선)에서 출발하는 버스에 차례로 승차하기 시작했다. 신체장애인들은 차내에서 휠체어에 앉아 있었고 보조인들이 일제히 버스에서 내려 버렸기 때문에 '보조인 없이는 출발할 수 없다'며 각 버스 운전사가 출발을 보류하였다. 이 때문에 피크타임인 오후 2시경에는 가와사키 시영버스, 도큐 버스, 린코 버스 합계 30개 노선 46대가 탑승한 신체장애인에게 '버스 잭bus hijacking'된 모양새로 오도가도 못하게 됐다.
>
> _〈휠체어 60인 분승 강행 버스 46대 스톱〉

당연히 가와사키역 앞의 현장은 대혼란 상태가 되었고 많은 일반 승객들의 발이 묶였습니다. 버스 운전기사, 버스회사 직원, 달려 나온 경찰관이 버스에 탄 장애인을 '설득'하기도 했고 이들에 의해 장애인 '배제'가 이뤄지기도 했지만, 푸른잔디회 회원들은 강하게 저항했고 그중에는 버스 유리창을 깨거나 소화기를 터뜨리거나 휠체어에서 내려 길바닥 위를 뒹굴거나 바닥을 기어다니는 등의 행동으로

'가와사키 버스 투쟁'의 모습을 전한 기사.
요미우리신문 1977년 4월 13일 자.

버스 운행을 방해한 사람도 있었습니다.

이 소동은 당일 늦은 밤까지 계속되어 오후 11시 25분이 지나서야 겨우 전원이 버스에서 내렸습니다만, 결과적으로 가와사키 시영버스·도큐 버스·린코 버스의 합계 30개 노선 46대가 멈춰 버린 전대미문의 사태가 되었습니다.

위에서 소개한 요미우리신문 기사에서 '버스 잭'이라는 말을 사용했기 때문일까요. 이 저항 행동은 점차 '가와사키 버스 잭 투쟁'이라고 불리게 되었고, 푸른잔디회의 전설적인 무용담으로 계속 회자되고 있습니다. 《주간신조週刊新潮》(1977년 4월 28일 호)에 게재된 〈신체장애인의 버스 소동을 연출한 가와사키 "푸른잔디회"의 리더〉라는 기사에서도 '버스 잭'이라는 표현이 보이고, 이 투쟁에 참가했던 요코타 히로시는 이를 '가와사키 버스 투쟁'이라고 불렀습니다.

'버스 잭'이라고 표현되고는 있지만, 앞의 요미우리신문 기사가 과도하게 이 사건을 부채질했던 것은 아닙니다. 오히려 이 신문은—특히 이 문제를 열심히 추적했던 다니카와 슌谷川俊이라는 기자는—후술하는 가와사키·요코하마 두 시를 중심으로 일어난 일련의 소동에 대해 지금 보아도 놀랄 정도로 리버럴한 기사를 쓰고 있습니다.

한편, 당일 발생한 경찰에 의한 장애인의 '배제'는 무척 격렬한 것도 포함되어 있었던 듯합니다. 요코타 히로시는 다음과 같이 회상하고 있습니다.

> 4월 12일, 폭우가 쏟아지는 한밤중의 가와사키역 앞에서 나는 시민으로 위장한 사복형사가 여성 동료의 목을 조르고 몇 번이나 땅에 내동댕이치는 것을 보았다.
>
> _《장애인 살해의 사상》, 153쪽.

그나저나 어째서 푸른잔디회는 이렇게까지 해서 '버스 타기'를 요구했던 것일까요. 또 그것은 단지 '버스에 타는 것'만을 요구하기 위한 운동이었던 것일까요. 애초에 장애인이 '버스에 탈 수 없다'는 것이 장애인 차별에 해당하는 것일까요.

푸른잔디회는 '버스에 탈 수 없다'는 것을 명확한 차별로 받아들였습니다. 그것의 의미에 대해서 생각해 봅시다.

† 푸른잔디회의 방문 운동

위에서 소개했던 가와사키역 앞에서의 저항 행동은 푸른잔디회의 전국 조직인 '전국푸른잔디회총연합회'(요코즈카 고이치 회장, 이하 총연합회로 표기)가 총력을 기울인 저항 행동이었습니다. 총연합회는 4월 9일부터 11일까지 가나가와현 가마쿠라시에서 전국위원회를 개최했고, 각지에서 온 회원과 보조자·지원사들 80명가량이 모여 있었습니다.

실은 그 이전부터 가와사키시에서는 휠체어로 버스에 승차하는 것을 둘러싸고 푸른잔디회와 버스회사·시 당국 사이에 분쟁이 이어지고 있었습니다. 요코타 히로시의 《장애인 살해의 사상》, 푸른잔디회 가나가와현연합회 회보 《아유미》 그리고 당시의 신문 기사를 참조하여 일련의 소동을 정리해 보겠습니다.

사건의 발단은 1973년까지 거슬러 올라갑니다. 그즈음 지자체 중에서는 휠체어에 앉은 채로 외출할 수 있는 '장애인을 위한 거리 만들기'를 표방하는 도시가 등장했습니다. 그러한 흐름에 따라 후생성은 '장애인 모델 도시'를 만들기 위한 예산을 계산해 올렸습니다.

이러한 움직임에 푸른잔디회는 민감하게 반응했습니다.

휠체어에 앉은 채로 외출 가능한 거리라고 하면 듣기에는 좋지만, 그러한 거리 만들기가 휠체어를 스스로 조작할 수 있는 정도의 경증장애인만을 염두에 두고 진행되어서는 휠체어를 스스로 조작할 수 없거나 혹은 외출할 수 있다 해도 경제활동에는 참여할 수 없는 중증장애인을 방치하고 배제하지 않을까 우려했던 것입니다.

요코타 히로시는 원래부터 '장애인을 위한 살기 좋은 거리 만들기'라는 콘셉트 자체가 "'일할 수 있는', '돈을 벌 수 있는' 장애인을 '거리' 안으로 편입시키려는 작업의 표현일 뿐이다"라고 딱 잘라 이야기했습니다(《장애인 살해의 사상》, 124쪽).

그래서 푸른잔디회는 가나가와현, 요코하마시, 가와사키시 앞으로 〈복지 거리 만들기'에 대해서〉라는 제목의 요망서를 제출했습니다. 총 7개 항목에 이르는 요망서인데, 요구 항목 가운데 하나로 '장애인의 생활 장소인 시설이 있는 지역을 통과하는 노선버스를 시작으로 전차, 버스 등을 휠체어를 타고 승하차할 수 있도록 개조할 것'이 있었습니다(《장애인 살해의 사상》, 127쪽).

이 요망서에 대해 가나가와현과 가와사키시는 무응답. 유일하게 응답한 요코하마시마저도 '현행 노선버스에서는 곤란'하다고 하여, 실질적으로는 응답이 없었습니다.

그러나 실제로 푸른잔디회 회원들은 일상적으로 노선 버스를 이용하고 있었습니다. 이용하는 측(휠체어 이용자)도 아무렇지 않게 승차하고, 운전사 측도 좁은 승차 문이 아니라 폭이 넓은 하차 문을 열어 주거나 운전에도 나름 신경 쓰는 등 '서로가 암묵적으로 그 존재를 인정하고 있었던' 듯합니다(《장애인 살해의 사상》, 142쪽).

1976년 6월, 이러한 상황에 변화가 일어났습니다. 그해에는 가와사키시뇌성마비자협회(푸른잔디회 가나가와현연합회를 구성하는 지부 가운데 하나)의 회장이 교체되어 야다 류지가 신임 회장으로 선출되었습니다. 야다 신임 회장은 휠체어를 이용하는 뇌성마비 장애인이 거리로 나가는 것을 중요시했습니다. 그때까지 집안 깊숙한 곳에 방치되어 바깥 세계를 알지 못한 채로 생활하고 있던 중증 뇌성마비 장애인들을 거리로 데리고 나오는 '방문 운동'에 힘을 쏟기 시작한 것입니다.

신임 회장의 방침에 기반하여 푸른잔디회 회원들은 재가 장애인에 대한 가정 방문을 실시하거나, 푸른잔디회 사무소로 함께 데려가는 식의 활동을 열심히 수행했습니다.

그 결과 회원이 특정 지역의 노선버스를 사용하는 일이 늘어나 버스 운전사가 휠체어 이용자를 보조할 경우와 부담이 늘어나게 되어 버린 것이었습니다.

이러한 상황에 대해 1976년 12월 1일, 가와사키시 교통국은 실질적인 '휠체어 거부'를 단행했습니다. 요미우리신문의 기사(1976년 12월 11일 자)에 의하면 가와사키시 교통국은 시내에서 영업하는 버스회사에 "(1) 휠체어 장애인이라도 지원사가 있어야 하고, 승차 문을 통해 휠체어를 접어서 타고 차내에서는 좌석에 앉을 경우는 인정한다. (2) 하지만 휠체어에 앉은 채로 하차 문을 통해 타는 것은 지원사가 있더라도 거부한다"는 방침을 통지했습니다(〈버스에서 휠체어 거부〉).

이런 방침에 시영버스와 민간 버스회사도 동조했습니다. 같은 신문 기사에 의하면 교통국 및 버스회사가 제시한 법적 근거는 다음과 같습니다.

① 지금 운행 중인 버스에는 휠체어를 차내에서 고정하는 등의 안전 설비가 없어 위험하다(도로운송법 15조).
② 휠체어가 출입구나 비상구를 막는다(운수규칙 36조).
③ 하차 문을 통해서는 승차할 수 없다(운수성 인가 사항).

푸른잔디회가 〈가와사키 버스 투쟁〉 당시 만든 전단.
가나가와현 사회복지협의회 자료실 소장.

이에 대해서 푸른잔디회는 다음과 같은 논평을 남겼습니다.

> 지난달까지는 친절하게 껴안아 들고 태워 주었던 운전사도 있었지만, 지금은 어느 운전사건 차갑기만 하다. 일반 승객도 우리와 함께 타는 것을 거부하지 않는다. 전과 같이 무조건 태워야 한다.

푸른잔디회 입장에서 교통국·버스회사가 내세운 방침은 '법률·규칙 때문에 휠체어를 태울 수 없다'는 것보다도 오히려 '휠체어를 태우고 싶지 않기에 해당하는 법률·규칙을 들고 나왔다'로 보였던 것이겠지요. 이때부터 푸른잔디회의 버스 승차를 둘러싼 싸움이 본격화하게 됩니다.

† 푸른잔디회와 버스회사의 교섭

1977~1978년에 걸쳐 요코하마·가와사키를 중심으로 푸른잔디회와 버스회사 사이에서 휠체어 이용자의 버스 승차를 둘러싼 분쟁이 빈발했습니다. 경우에 따라서는 승차 거부당하고 분노한 장애인이나 활동가들이 버스 안에서 '농성'하며 긴 시간 동안 버스의 운행을 멈춰 버리는 사태도 발생했습니다.

조금 전 소개한 가와사키역 앞에서의 대규모 저항 행동도 결코 화제를 모으거나 논란을 일으키는 것을 노린 행위가 아니었으며, 이러한 장기적인 운동의 일환으로 파악해야만 합니다.

또한 여러 매체에서 '가와사키 버스 투쟁'을 소개할 때 가와사키역 앞에서 있었던 저항 행동 하나만을 가리키는 경우가 많은 것 같습니다만, 원래대로라면 1977~1978년경에 빈발했던 일련의 저항 행동 모두를 가리키는 것으로 이해하는 편이 좋을 것입니다.

(당시의 투쟁 양상은 앞에서 인용한 각 신문이 여러 번 보도한 것 외에도 텔레비전 보도 특집을 여러 번 다루었던 요시나가 하루코吉永春子의 《거리로 나가자: 복지에 대한 반역·푸른

잔디회街に出よう―福祉への反逆・青い芝の会》[1977년]라는 다큐멘터리로도 제작되었습니다.)

중요한 것은 푸른잔디회가 그저 아무렇게나 승차 거부로 저항했던 것이 아니라는 점입니다. 그들은 가와사키시 교통국·버스회사·운수성 등과 끈질기게 교섭을 거듭하고 있었습니다. 주요 신문에 보도되었던 것을 인용하여 그 교섭 내용을 되짚어 봅시다.

1977년 1월 7일, 푸른잔디회는 가와사키시 교통국과 교섭에 임하였습니다. 아사히신문 기사(1977년 1월 9일 자)에 따르면 푸른잔디회의 주장은 다음 네 가지였습니다.

① 휠체어 장애인이 희망하는 경우, 시영버스에 휠체어를 접지 않고 태운다. ② 휠체어를 탄 채로 승차할 수 있도록 민영 버스회사를 지도한다. ③ 휠체어의 승차 제한을 명문화한 운수 규칙을 개정토록 운수성에 촉구한다. ④ 운수성 등 상부 기관이 인정할 때까지 시에서 독자적으로 휠체어 승차를 실시한다.

_〈휠체어 승차 반드시 인정할 것〉

또한 푸른잔디회가 "'러시아워 등 어떠한 경우라도 태워야 한다. 승객이 한 명도 없을 때는 운전기사가 행인에게 협력을 구해 승하차시켜야 한다. 승객이 있다면 승객에게 돕도록 시켜야 한다'라고 주장했다"라고 되어 있습니다.

그들의 주장을 요약하면 휠체어 이용자도 다른 승객과 똑같이 무조건 버스에 탈 수 있어야 하기에, 이를 위해 버스의 구조나 규칙을 개선하기를 바란다는 것입니다. 실제로 푸른잔디회가 '가와사키 버스 투쟁'에서 배포했던 전단에도 다음과 같은 점들을 강조하고 있습니다.

> 누구라도 아무렇지 않게 타는 노선버스, 우리 또한 방문 운동 중에 '거리'와 만나기를 바라며 일상적으로 이용해 왔습니다.
> **언제라도, 어디라도, 누구라도** 탈 수 있는 버스를 우리는 원합니다.
> _ 앞의 전단, 〈'거리'에는 여유, 풍요로움이 없는가!!〉, 강조는 원문.

1977년 10월 21일에는 운수성 도쿄 육운국(차량등록사업소)과 교섭했습니다. 이 교섭에서는 '지원사'를 어떻게 취급할지가 큰 의제가 되었던 것 같습니다.

이날의 교섭에 관한 아사히신문 기사(10월 22일 자)에는 "'지원사가 있다면 휠체어에 앉은 채로 장애인이 승차한다'로, 거의 합의에 이르렀다"라고 되어 있습니다(〈지원사가 있다면 휠체어 채로 버스 승차 인정〉).

그러나 다음 요미우리신문 기사(10월 25일 자)에서는 "일반 승객과 다른 형태의 조건을 붙이는 것 자체가 차별 사상이다"라는 푸른잔디회와 휠체어 버스 승차에 조건(제한)을 두려고 하는 육운국이 "기본적인 주장을 서로 이해하는 데 이르지 못하고 논의는 평행선을 달렸다"라고 보도했습니다(〈대립 이어진 휠체어의 버스 승차〉).

그 후 1978년 3월 27일, 운수성이 휠체어의 버스 승차에 관해 처음으로 통일된 취급 기준을 발표했습니다. 요미우리신문(1978년 3월 28일 자)에 따르면 그 내용은 다음과 같습니다.

(1) 넓은 문(유효 폭 약 80센티미터 이상) 형식의 버스로 무리 없이 승하차가 가능한 경우는 휠체어를 접지 않고 승차할 수 있도록 한다. (2) 승하차를 도울 지원사를 동반하도록 한다. (3) 휠체어를 펼친 채로 사용하는 경우는 차내의 고정 장소에 휠체어의 브레이크를 걸어 둔 다음 비치된 밴드 등으로 고정하고, 운전사에게 보내는 신호 등은 지원사가 행한다. (4) 승강구가 좁은 버스는 휠체어를 접은 다음, 차내에서는 원칙적으로 좌석을 사용한다.

_ 〈지원사, 동반시킨다〉

푸른잔디회가 가와사키시 교통국과 처음 교섭을 시작한 때로부터 약 1년 2개월이 지나서야 운수성에서 기본적인 취급 기준을 제시했습니다. 그 후 가나가와현 내의 12개 버스회사는 같은 해 7월 1일부터 이 운수성의 취급 기준을 실행하게 되었습니다.

이처럼 조건이 붙었다고 해도 운수성이 휠체어의 버스 이용을 인정했다는 점은 언뜻 보기에 의의가 있는 것처럼 여겨집니다. 하지만 푸른잔디회가 오랫동안 외쳐 온 주장을 감안하면 운수성이 제시한 취급 기준은 어쩌면 완패에 가까운 것이었다고 말할 수 있을 것입니다.

그렇다면 푸른잔디회가 그렇게까지 '휠체어에 앉은 채로 버스에 탄다'를 고집했던 이유는 무엇이었을까요? 또 그들이 일련의 '버스 투쟁'을 통해 호소하고자 했던 것은 무엇이었을까요?

† '지원사'란 누구인가

사안을 다소 단순화해 버리는 감이 있습니다만, 일련의 소동 속에서 푸른잔디회가 특히 강하게 호소했던 사항을 두 가지로 좁혀 고찰해 봅시다.

우선 첫 번째로 버스 승차 시 휠체어의 취급에 관해서입니다.

운수성·교통국·버스회사의 주장은 이렇습니다. 주행 시 안전 확보를 위하여 휠체어 이용자가 버스에 탑승할 때는 휠체어에서 내리고 휠체어를 접은 후, 버스 좌석에 앉기를 원한다. 어쩌면 이러한 주장을 '당연하다'고 느끼는 사람도 있을지 모르겠습니다. 그러나 푸른잔디회는 이런 조건에 강력히 반발했습니다.

매일매일 휠체어를 이용하는 장애인에게 익숙한 휠체어는 신체의 일부라 해도 과언이 아닙니다(푸른잔디회는 휠체어를 의수나 의족과 같은 것이라고 주장합니다). 특히 뇌성마비 장애인은 앉은 위치를 일정하게 계속 유지하기 어려운 사람도 있습니다. 그런 사람에게 자신의 신체에 맞게 고안된 휠체어를 벗어나 익숙지 않은 버스의 좌석으로 이동하는 것은 상상 이상으로 부담이 가해지는 일입니다.

이 '휠체어의 취급'에 대해서는 운수성도 일정 부분 이해를 나타낸 것처럼 보입니다. 그러나 앞서 인용했던 취급 기준에는 '(1) 넓은 문(유효 폭 약 80센티미터 이상) 형식의 버스로 무리 없이 승하차가 가능한 경우', '(4) 승강구가 좁은 버스는 휠체어를 접은 다음, 차내에서는 원칙적으로 좌석을 사용한다'라는 조건이 붙어 있습니다.

조건 없는 버스 승차를 요구해 온 푸른잔디회 입장에서 볼 때, 이것은 자신들의 주장이 거의 반영되지 않았음을 의미하는 것이었겠지요.

운수성의 취급 기준은 일정한 조건을 붙인 후 상대의 권리를 인정하고 있는 것처럼 보입니다. 하지만 현실적으로 그런 조건이 충족될 기회가 적다면, 그것은 상대의 권리를 억제하는 것이 됩니다. 즉, 상대의 권리를 인정한다 해도 그 권리를 행사할 수 있는 조건을 엄격하게 설정한 대응인 것입니다.

두 번째로는 버스 승차 시 지원사 취급에 관해서입니다.

운수성이 제시한 취급 기준에는 '(2) 승하차를 도울 지원사를 동반하도록 한다', '(3) (중략) 운전사에게 보내는 신호 등은 지원사가 행한다'라는 항목이 있었습니다만, 이 조건은 푸른잔디회 입장에서 보면 그때까지 교섭에서 주장해 왔던 것 대부분이 무시되었다고 해도 과언이 아니었을 터입니다.

신체가 자유롭지 않은 장애인이 버스에 탄다면 지원사가 있는 편이 낫지 않을까. 그편이 본인에게도 편리하고 또 안심도 될 것이다. 이렇게 생각하는 사람이 많을지도 모릅니다.

확실히 중증장애인이 지원사를 동반하지 않고 버스에 타는 일은 현실적으로 거의 없습니다(이 점은 푸른잔디회도 인정했습니다). 그러나 푸른잔디회는 교통국과 버스회사가 특정 지원사의 동반을 요구하는 것에 강력히 반발했습니다.

그러면 푸른잔디회는 지원사의 동반이라는 요건의 어떤 부분에 저항감을 느꼈던 걸까요.

운수성의 취급 기준이 나오기 이전인 1977년 8월 6일, 가와사키시 교통국과 푸른잔디회 사이에 교섭이 있었고 일부 합의사항이 만들어졌습니다. 가와사키시 교통국장이 가나가와현 육운사무소장 앞으로 보낸 〈휠체어 승차에 관한 문제점 타개 대책에 대하여〉라는 문서에는 교섭 결과가 다음과 같이 나와 있습니다.

1. 양자의 합의사항 (중략) ③ 지원사는 복수複數를 필요로 하지만 특정하지 않는 것으로 한다.

이 점에 대해서 '2. 양자의 합의에 도달하지 않은 사항'에 보충 내용이 적혀 있습니다.

지원사란 휠체어를 이용하는 승객을 승하차 시 들어 올릴 수 있는 사람 및 운행 중 안전을 확보할 수 있는 사람일 것.

또, 특정하지 않는다는 것은 승객 또는 행인에게 맡겨도 된다는 것과 더불어 승차 구간 중에 인계 혹은 교대가 이뤄지는 것도 허용한다고 해석한다.

여기 보이는 것처럼 푸른잔디회는 지원사를 "특정"하는 것에 반대했습니다. 지원사를 "특정"하게 된다면 장애인에게는 버스에 타기 전부터 자신을 지원해 줄 인물을 찾아내고 그 인물을 동반할 필요성이 생깁니다(당시는 지금처럼 헬퍼(활동지원사)를 파견하는 것 같은 제도가 없었기 때문에, 외출하고 싶은 장애인은 동반자를 자력으로 찾아야만 했습니다).

따라서 만약 버스 승차 시 "특정"한 지원사가 필요하게 된다면 버스에 타는 행위의 이전 단계로 지원사 모집이라는 노력이 필요하게 되고, 결과적으로 장애인이 거리로 나가는 데 장벽이 높아져 버립니다.

푸른잔디회는 장애인이 지역사회에서 살아가기 위해 지원 봉사자를 모으는 노력을 무척 의식적으로 행해 왔던 단체입니다. 하지만 자신들이 자발적으로 지원사를 모으려고 노력하는 것과 공공성 높은 사업을 행하는 교통국이나 버스회사라고 하는 데서 버스 승차의 조건으로 지원사 동반을 요구하는 것은 차원이 다른 이야기입니다.

이는 장애인 이외의 승객에게는 요구하지 않는 노력을 장애인에게만 요구한다는 것을 의미합니다. 어떤 사람에게는 요구하지 않는 노력을 다른 특정한 사람에게 요구한다고 한다면, 그것은 명확한 차별입니다.

또 푸른잔디회가 지원사를 "특정하지 않는" 것을 요구했다는 점에도 주의가 필요합니다. 지원사를 "특정하지 않는"다는 것은 그때 그 장소에 있는 사람이 그때 그 장소에서 그 사람에 대한 지원을 행하면 된다는 것입니다.

즉, 휠체어를 탄 채로 이용하는 버스 승차에 관해 말하자면, 버스 승객이나 버스정류장에 있는 사람이 그때 그 장소에서 도와주면 된다. 이것을 요구한 것입니다.

푸른잔디회 입장에서 보면 버스에 탈 필요가 있는 것은 장애인 당사자이고 버스를 이용할 승객도 장애인 당사자일 것입니다. 따라서 운수성의 기준에 있던 "운전사에게 보내는 신호 등은 지원사가 행한다"라는 항목도 받아들이기 어려운 항목이었을 것입니다. 이래서는 지원사가 장애인의 의사를 대변하게 되어 버리기 때문입니다.

이 운수성의 취급 기준에 대해 요코타 히로시는 다음과 같이 말했습니다.

도대체 우리는 무엇을 해 왔던 것일까.

무엇과 싸워 왔던 것일까.

1년 이상의 시간과 때로는 문자 그대로 목숨을 건 에너지를 썼다.

무엇을 싸워 얻었다는 것일까.

우리의 역사를 응축한 것 같은, 덧없는 싸움이었다고밖에 말할 수 없는 것이다.

_《장애인 살해의 사상》, 158쪽.

† 버스에 타는 것이 '은혜'를 입는 것인가

사실, 푸른잔디회가 부딪쳤던 곳은 운수성·교통국·버스회사에 국한되지 않았습니다. 노동자이기도 한 버스 기사들(노동조합)과도 정면으로 부딪쳤습니다.

운수성(국가)이나 교통국(지자체)은 커다란 권력을 갖고 있고, 버스회사는 사람들의 생활에 영향을 주는 자본을 갖고 있습니다. 한편, 노동조합은 이러한 권력·자본으로부터 노동자를 보호하기 위한 조직으로, 이른바 서민의 편입니다. 그런 의미에서는 어느 쪽이냐고 하면 장애인의 입장에 가까운 존재라고도 생각할 수 있습니다.

하지만 푸른잔디회는 이 '버스 투쟁'에 국한하지 않고

노동자와 노동조합을 자주 강하게 비판해 왔습니다. 왜냐하면 장애인이 생활개선을 요구했을 때 종종 노동자·노동조합이 그 앞을 가로막았기 때문입니다.

예를 들어 장애인 거주시설에서 이런 구도가 상징적으로 나타났습니다. 장애인이 "식사·화장실 이용 시간을 좀 더 자유롭게 해 주길 바란다", "외출 규칙을 완화해 주길 바란다"라고 요구했을 때(제1장에서 소개했던 콜로니와 같은 대규모 시설은 식사나 화장실 이용 시간이 정해져 있는 경우가 드물지 않습니다), 그런 요구에 응하는 것은 노동조건의 악화로 연결된다고 하여 시설 직원(즉 노동자)이 반대하는 경우가 적지 않았던 것입니다.

일련의 '버스 투쟁'에서도 이와 같은 구도를 볼 수 있었습니다.

1977년 6월 8일, 전일본교통운수노동조합협의회·중앙버스공투회의가 휠체어 승차에 대해 노동자의 입장에서 통일된 견해를 제시했습니다(〈휠체어 승차 문제에 관한 견해〉).

그 내용을 보면 장애인의 권리와 현실의 버스 설비 상황 사이에 끼어 상당히 고통스럽게 돌려서 말하는 것이 눈에 띕니다.

요약하면 장애인이 버스를 이용하는 것은 "당연한 권리

로서 이해한다"라고 하면서도, 한편으로 "버스 노동자는 안전 운송의 확보가 제1의 사명"이기에 현재의 버스가 휠체어에 대응 가능한 것이 아닌 이상 "국가의 사회보장 시책으로서" 차량 구조의 개량을 요구해 나가겠지만 "잠정 조치"로서 휠체어를 접든 그대로 고정하든, 어떠한 경우라도 "필요한 지원사를 대동할 것"을 요구한다는 것입니다.

이러한 노동조합의 견해에 푸른잔디회는 강력히 항의했습니다. 언뜻 보아 장애인의 권리를 옹호하는 것처럼 보이면서도, 제시한 견해의 내용은 사실 운수성과 거의 차이가 없었기 때문입니다.

노동조합의 통일된 견해에 대해 요코즈카 고이치는 전국푸른잔디회총연합회 회장 명의로 격렬한 항의문(〈전일본운수노동조합협의회에 대한 항의문〉)을 냈습니다. 이 항의문은 푸른잔디회가 일련의 '버스 투쟁'에서 호소했던 것이 무엇이었는가를 명료하게 보여주고 있습니다. 조금 깁니다만 인용해 보도록 하지요.

> (노동조합의) 견해에는 제5항을 비롯하여 곳곳에서 후생성을 위시한 행정의 책임이 사회보장 정책으로서 문제시되고 있습니다만, 이와 같은 상황을 만들어 온 것이 단지 행정만의 책임이라고 우리

는 말하지 않습니다. 왜냐면 이 문제의 발단이 된 것은 "휠체어 장애인을 버스에 태우는 것이 노동 강화로 이어진다"라는 현장 노동자의 목소리였기 때문입니다. 우리는 지금까지, 그리고 현재도 계속해서 모든 곳에서 노동 강화로 이어진다는 이유로 노동자로부터 우리의 의지를 무시당하고 물건으로 취급당하며 억눌려 왔습니다. (중략) 하지만 6월 8일의 견해에는 우리가 대화 속에서 주장해 왔던 것, 그 기본적인 것이 전혀 담겨 있지 않았습니다. (중략) 우리는 귀 협의회 중앙버스공투회의와의 대화에서 몇 차례나 다음과 같이 말했습니다. "이 문제는 휠체어 장애인을 태우느냐 태우지 않느냐, 어떻게 하면 태울 수 있을까의 문제가 아니다. <u>휠체어 장애인도 당연하게 타는 것이라는, 그런 발상의 전환이야말로 바로 필요한 것이다</u>"라고요.

그러나 견해의 저류에 흐르고 있는 것은 장애인을 태워 주기 위해서 어떻게 하는 것이 좋은가라는 발상, 완전히 은혜를 베푸는 자선적인 태도입니다. 우리는 그처럼 은혜를 받는 식으로 버스에 태워 달라고 부탁하는 것이 아닙니다. 우리 휠체어 장애인이 버스에 타는 것이 당연한 일이라고 생각했다면, 지원사를 대동하라는 것과 같은 각종 조건은 나오지 않았겠지요.

_《엄마! 죽이지 마》, 299~300쪽.

푸른잔디회가 전개한 일련의 '버스 투쟁'이란 무엇이었을까요. 요코즈카 고이치에 따르면 그것은 "발상의 전환"을 촉구하기 위한 싸움이었습니다.

운수성·교통국·버스회사·버스 노동조합은 조건 없이 버스에 타고 싶다는 푸른잔디회의 주장을 "은혜를 베푸는 자선적인 태도"로서만 파악할 수 있었습니다. 요코즈카 고이치는 그것을 날카롭게 간파하고 있었던 것입니다.

"은혜를 베푸는 자선적인 태도"란 다시 말해 '승무원이나 승객에게 폐가 되지 않는 범위 안에서만 장애인도 버스에 타도 좋다'는 사고방식입니다. 이런 태도는 반드시 상대에게 제약을 요구합니다.

또 그러한 제약은 반드시 점점 커집니다. 장애인이 버스에 '타도 좋다' → '태워 줘도 좋다' → '조심스럽게 타야 한다' → '타는 것을 삼가야 한다' → '되도록 거리에 나오지 마라' 같은 식입니다.

사실 푸른잔디회 회원 상당수는 '다른 분들께 폐를 끼치니까'라는 이유에서 집이나 시설에 틀어박힌 채 거리에 나가는 것을 금지당해 왔던 사람들이었습니다.

푸른잔디회는 단지 '버스에 탄다'는 일에 다른 사람들에게는 요구되지 않는 조건이나 제약이 부과되는 것을 반대했습니다. 이런 조건이나 제약이 장애인의 삶의 폭을 깎아나간다는 사실을 피부 감각으로 알고 있었던 것이라고 생각합니다.

여기서 다시 한번 노동조합이 제시했던 견해로 돌아가 보죠.

노동조합의 견해에는 차량 구조의 개량이 필요하다는 취지의 언급이 있었습니다. 어쩌면 이 책을 읽고 있는 사람 중에서도 '버스 투쟁'과 같은 문제를 해결하기 위해서는 무엇보다도 차량 구조의 개량(저상 차량 구조나 리프트 장비 등)이 필요하며, 새로운 기술이나 설비가 개발·설치된다면 문제는 자연스럽게 해결될 것이라고 생각하는 이가 있을지도 모릅니다.

하지만 푸른잔디회는 그러한 사고방식을 취하지 않았습니다. 물론 차량 구조의 개량 자체는 요구하고 있습니다만, 그것만으로 문제가 해결된다고 생각하지 않았습니다.

왜냐하면, 만약 이 사회의 상당수 사람들이 "장애인은 '은혜'를 입어야만 버스에 타는 것이 허용된다"라고 생각한다면, 새로운 기술이나 설비 자체도 그러한 가치관에 기반해서 개발되어 버릴 것입니다. 그런 기술이나 설비가 정말로 장애인의 편이 될 수 있는 것일까요.

앞서 푸른잔디회가 지원사를 "특정"하지 않는 것을 요구했음을 기억해 주세요. 버스 노동조합에 대해서도 요코즈카 고이치는 다음과 같이 말하고 있습니다.

> 우선 지원사란 특정한 사람이 하는 것이라는 발상 자체가 틀렸고, 우리는 이 사회를 구성하는 정상인 모두가 지원사라고 생각하고 있으며 그런 생각에 입각하면 거리를 거니는 사람, 버스 승객, <u>장애인 당사자가 지원을 의뢰하고 거기에 손을 빌려 준 사람 모두가 지원사</u>일 것입니다.
>
> _《엄마! 죽이지 마》, 301쪽.

밑줄 친 부분이 푸른잔디회의 가치관을 아주 잘 표현하고 있습니다. 버스의 차량 개량도 필요하지만 그러한 기술·설비가 만약 '정상인이 장애인에게 손을 빌려주지 않고서 문제를 해결하기 위해' 개발된다면, 그것은 장애인에게 결코 기쁜 일이 아닙니다.

푸른잔디회가 내걸었던 '행동강령' 가운데 "우리는 정상인 문명을 부정한다"(제5항)라는 항목이 있었음을 기억해 주세요(2장 참조). 그들이 "부정"했던 "정상인 문명"이란 위와 같은 문명인 것입니다.

이상으로 푸른잔디회의 '가와사키 버스 투쟁'에 대해 살펴보았습니다.

사회복지학자 히로노 슌스케廣野俊輔 씨는 '가와사키 버스 투쟁'을 상세히 검토한 논문에서 다음과 같이 지적합니다. "지원 시스템이 어느 정도 확립된 현재에도 지역에서 장애인이 곤란해 하는 경우 '누군가 지원사가 있겠지'라고 생각하고 시민이 무관심하다면, 장애인에게 살기 좋은 지역사회는 형성되지 않을 것이다"(〈가와사키 버스 투쟁의 재검토〉).

사회에서 발생한 문제에 대해 안이한 비난만 일삼는 사람은 종종 그 문제에 대해서는 무관심합니다. 당시 푸른잔디회의 '버스 투쟁'을 비판했던 시민들은 '장애인의 사회 참여'에 대해 얼마나 관심이 있었을까요?

여기서 이번 장 첫머리에 소개했던 바닐라 에어 문제에 관해 다시 한번 생각해 봅시다.

그 소동에서 기지마 씨에게 쏟아진 '룰을 지켜라'라는 비판은 결국에 요코즈카 고이치가 지적한 "은혜를 베푸는 자선적인 태도", 바로 그것이었을 테지요. "나는 장애인에게 '은혜를 베푸는' 측에 있다"라고 무의식 혹은 막연히 생각하고 있던 사람들이 대등하게 권리를 주장하는 장애인에게 짜증을 느꼈겠지요.

그러나 우리는 그러한 "자선적인 태도"를 인정해서는 안 됩니다. 앞에서 본 것처럼 누군가에게 제약을 요구하는 가치관은 반드시 제약을 점점 키우기 때문입니다.

사실 바닐라 에어 문제 때는 항공사 측에 장애인차별해소법 위반 혐의가 있음에도 불구하고 '룰'이나 '매너'라는 막연한 가치관에 의해 휠체어 이용자 한 사람의 삶의 폭이 깎여 나갈 뻔했습니다.

'가와사키 버스 투쟁'이 벌어졌던 시대와 비교하면 버스 차량은 현격하게 개량되었습니다. 버스뿐 아니라 전차 등의 대중교통 안에서 휠체어 이용자를 보는 일도 결코 드물지 않게 되었습니다. 그런 의미에서는 사회가 전진하고 있는 것처럼도 보입니다.

하지만 이런 문제가 반복해서 일어나고 있다는 점을 감안한다면, 우리는 아직도 요코즈카 고이치가 주장한 "발상의 전환"까지는 이르지 못한 것 같습니다.

7. 장애인은 태어나면 안 되는가

2018년부터 2019년에 걸쳐 세상에서 잊혀 가던 법률 하나가 일본 언론을 떠들썩하게 했습니다. 우생보호법優生保護法입니다.

이 법률은 1948년에 제정되어 1996년까지 존재했으며 현재는 모체보호법母體保護法이라는 법률로 개정되었습니다. 이 우생보호법은 어떤 문제를 품고 있었던 것일까요? 우선은 그것부터 확인해 봅시다.

† 우생보호법이란 무엇인가

오랜 세월 동안 이 법의 문제를 계속 지적해 온 단체 'SOSHIREN 여자(나)의 몸부터'의 홈페이지[1]에는 다음과 같은 설명이 있습니다.

---

1 [옮긴이] 홈페이지(soshiren.org)의 소개에 따르면, SOSHIREN은 형법의 낙태죄 폐지를 요구하는 단체로 아이를 낳을지 말지를 스스로 선택할 수 있는 사회를 지향한다. 국가가 법률이나 제도를 통해 여성에게 "낳아라"라고 강제하거나 모성을 강요하는 것에 반대한다. 반대로 "너에게는 아이를 낳아 기를 자격이 없다"라고 단정 짓고, 불임수술이나 인공중절을 강요하는 세상에도 반대한다.

우생보호법은 두 가지 목적을 가진 법률입니다. 하나는 '우생상의 견지에서 불량한 자손의 출생을 방지한다'—질병이나 장애를 가진 아이가 태어나지 않도록 한다는 의미입니다. 또 하나는 '모성의 생명과 건강을 보호한다'—여성의 임신·출산 기능을 보호한다는 의미입니다. 이 두 가지 목적을 위해 불임수술과 인공 임신중절을 실시하는 조건 및 피임기구의 판매·지도에 관해 정해 놓은 것이 우생보호법입니다.

우생보호법이 제정된 1948년은 제2차 세계대전 패전 후 인구 증가가 사회문제화하고 있던 때였습니다(1947~1949년 사이 출생자 수의 급증을 '베이비붐'이라고 부르고 있습니다). 이런 사태에 대응하기 위한 인구 억제 대책으로 인공 임신중절 합법화가 논의되었던 것입니다.

사실 일본은 지금까지도 형법에 낙태죄가 존재하고 있고 인공 임신중절은 형사처벌의 대상이 됩니다. 하지만 어떤 일정 조건을 충족한 경우, 낙태죄의 적용을 면한다는 조치로 인해 실질적으로는 낙태를 할 수 있도록 되어 있습니다. 그 조건을 정한 것이 우생보호법이었습니다.

패전 직후의 일본은 엄청난 혼란기에 놓여 있었기 때문에 아이가 태어나면 생활을 꾸려 나갈 수 없게 되어 버리는 사람이나 성폭력 등으로 원하지 않는 임신을 강요당한 여성이 적지 않았습니다. 전쟁 전의 법 제도에서는 낙태가 금지되어 있었기에('낳아라, 수를 늘려라'라는 인구 증가 대책이 채택되어 있었습니다), 여성 중에는 위험한 '야매 낙태'에 의존하여 몸과 마음에 심각한 상처를 입거나 목숨을 잃는 사람도 있었습니다.

이러한 사회 상황에 대응하기 위해 만들어진 것이 우생보호법입니다. 당시 상황에서는 신기하게도 이 법률이 의원입법에 의해 만들어졌습니다. 이 법률의 통과에 진력했던 의원 중에는 산부인과 의사도 포함되어 있었습니다.

'인구 증가를 억제한다'는 목적을 가진 우생보호법은 사실 또 다른 한 가지, '인구의 질을 높인다'는 목적도 갖고 있었습니다. 이 법 제1조에는 그 목적이 다음과 같이 적혀 있습니다.

> 이 법률은 <u>우생상의 견지에서</u> 불량한 자손의 출생을 방지하는 것과 함께 모성의 생명과 건강을 보호하는 것을 목적으로 한다.

밑줄 친 부분에 있는 "우생"이란 당연하게도 '우생학'에서 유래한 개념입니다. '우생학'이라는 이데올로기로 인해 지금껏 세계 각지에서 장애인의 인권침해가 이루어져 왔다는 것은 주지의 사실입니다.

대표적인 사례로 나치 독일의 'T4 계획' 등을 들 수 있겠지요. 장애인의 존재로 인해 커다란 부담을 강요당하는 가족이나 사회를 구하기 위해서 또 열악한 유전인자가 자손에게 이어지는 것을 방지하기 위해서라는 목적하에 많은 장애인이 가스실로 보내졌습니다.[2]

일설에는 나치 독일에 의한 장애인 학살 희생자 수가 27만 5천 명을 넘는다고 합니다(《나치 독일과 장애인 '안락사' 계획》). 또 이러한 장애인 학살이 유대인 학살로 이어졌다는 점도 지적되고 있습니다(《그것은 홀로코스트의 "리허설"이었다》).

우생보호법은 전쟁 전에 만들어진 국민우생법(1940년)

---

2 [옮긴이] T4 계획 또는 T4 작전이라 불리는 나치의 장애인 학살 프로그램은 1939년 9월에 시작되었다. "치료할 수 없다고 판단되는 질환을 앓고 있는 이들에게는 자비로운 죽음을 부여할 수 있게 하라"는 사적인 편지 형식을 빌린 히틀러의 개인적 명령에 의해 실행되었고, 총통 비서실 내에 별도의 비밀 부서가 설치되었다. 이 조직이 베를린 시내의 티에르가르텐 4번가Tiergartenstraße 4에 있었기 때문에 'T4'라는 명칭으로 알려지게 되었다. '환자'들은 의사의 판단에 따라 의학적 이상과 생산성 수준이 분류되고, 끝에 가서는 처분되었다. T4 계획은 우생학에 기반한 나치의 장애인 학살 정책을 대표하지만 이외에도 단종 수술과 장애아동 살해가 광범위하게 자행되었다. 나치의 장애인 학살에 대해서는 앤 커·톰 셰익스피어 지음, 김도현 옮김, 〈3장 나치의 인종학〉, 《장애와 유전자 정치》, 그린비, 2021, 67~117쪽을 참고하라.

을 바탕으로 하고 있는데, 이 국민우생법은 나치 독일의 유전병자손예방법(1933년)을 참고하여 만들어진 것이었습니다. 처참한 비극을 낳은 이데올로기와 연결되었던 법률이 일본에서도 1996년까지 존재했다는 점을 우리는 잊어서는 안 되겠습니다.

† 우생보호법을 다시 생각하다

우생보호법이라는 법률에 의해, 특히 지적장애인과 정신장애인을 중심으로 많은 장애인이 불임수술이나 중절수술을 받게 되었습니다(이하, 이러한 수술을 불임수술 등이라고 표기하겠습니다).

이 문제의 해명에 뛰어들었던 마이니치신문 취재반의 《강제 불임》에 따르면 우생 수술의 피해자 수는 1만 6천 명(본인의 동의를 거친 수술을 포함하면 2만 5천 명)이라고 하며, 그중에는 아홉 살 소녀도 포함되어 있었습니다.

수술 가운데 우생보호법의 규정을 벗어난 사례도 적지 않았습니다.

예를 들어 '행실 불량'으로 지목된 인물이 '정신질환'이라는 이유로 불임수술을 받게 되거나, 법률 규정에 포함되지 않은 '농인'이 수술 대상이 되거나, 신체장애가 있는 여성이 '월경 때 시중 드는 수고를 덜기 위해서'라는 이유로 자궁 적출 수술을 받는 등, 여러 가지로 확대 해석과 자의적 운용이 이루어져 왔습니다.

또 우생보호법에는 '미성년자', '정신병자', '정신박약자'는 본인의 동의를 얻지 않고 수술이 가능하다는 규정이 있었고, 감독 관청인 후생성에서 '기망欺罔'하여도 된다(즉 당사자를 속이고 수술을 받게 해도 좋다)라는 통지까지도 나왔습니다. 인권 존중이라는 관점에서 볼 때, 운용에 무척이나 문제가 있었던 것입니다.

이 법률하에서 어떤 비극이 빚어졌던 것일까요. 자신의 신체 혹은 자신의 소중한 사람의 신체에 무슨 일이 있었던 것일까요. 그 사실을 밝히고 싶다는 의지를 품은 사람들에 의해 우생보호법하에서 행해졌던 불임수술 등의 실태를 규명하기 위한 국가배상 청구 소송이 제기되었습니다. 그것이 2018년부터 2019년에 걸쳐 진행된 일입니다.

(우생보호법 문제와 국가배상 청구 소송이 제기되기까지의 경위에 대해서는 앞서 소개한 《강제 불임》 외에 우생 수술에 대한 사죄를 요구하는 모임 편, 《우생보호법이 범한 죄》를 참조하세요.)

장애인 불임수술 등의 문제는 지금까지도 종종 화제가 되어 왔습니다만, 여론을 크게 불러일으키는 데까지는 이르지 못했습니다. 이유 가운데 하나로 이 문제가 '장애인'이라는 '특정 소수자'에게 일어난 '특수한 문제'로 받아들여졌던 것을 들 수 있겠지요.

또 '장애인은 아이를 가져도 키울 수 없다', '태어난 아이가 불행해진다'라는 가치관이 아직도 뿌리 깊게 존재하고 있습니다.

실제로는 다양한 도움을 받으면서 아이를 낳아 키우고 있는 장애인도 많이 있습니다만(애초에 제3자의 도움을 받지 않고 아이를 낳아 키운다는 것은 장애 유무와 관계없이 누구에게나 어려운 일입니다), 그러한 사람들을 향한 비난이 아직도 강한 편입니다.

'장애인은 아이를 낳지 않는다(낳지 말아야 한다)'라는 사회의 상식이 우생보호법에 대한 여론의 무관심을 만들어 왔던 것일지도 모릅니다.

그러나 특히 2010년대 이후로, 이 사회에서 '낳다'라는 행위에 대한 관심이 무척 높아졌습니다.

그 배경으로는 저출산 문제, 어린이집에 들어갈 수 없어 대기 상태에 놓인 아동들이 많아지는 보육 행정의 문제,

여성의 사회참여 문제, 공직자나 관리직의 여성 비율 문제, 육아와 일에 관련된 워라밸Work and Life Balance 문제, 직장이나 사회에서의 임신 및 출산한 여성에 대한 괴롭힘maternity harassment[3] 문제, 난임 치료 및 관련 의료 행위에 관심이 높아지고 다양한 커플의 형태(사실혼, 동성혼 등)에 대한 관심이 높아지는 등의 사회적 요인이 영향을 미쳤을 것입니다.

결과적으로 우생보호법에 근거한 불임수술 등도 장애인 특유의 문제로 포착된 것이 아니라 '태어나도 되는 생명'과 '태어나서는 안 되는 생명', '낳아도 되는 사람'과 '낳아서는 안 되는 사람'을 법률이라는 국가의 규칙으로 규정하거나 구분하는 것에 위화감을 느끼게 되어서 커다란 관심사가 되었던 것 아닐까요?

혹은 이 사회가 이미 '누구라도 아이를 낳아서 기르기에는 어려운' 곳이 되어 버렸기에 '낳게 하지 않겠다'는 압력에 대한 감도 같은 것이 높아졌을지도 모르겠습니다.

---

3 [옮긴이] 임신을 이유로 퇴직을 강요하거나 육아휴직을 인정하지 않는 등의 행위를 지칭한다. 일본에서는 영단어를 그대로 가타카나로 옮겨 머터니티 하라스멘트マタニティー・ハラスメント라고 쓴다. 일본의 현 제도와 관련해서는 이승현·임성철, 〈임신 및 출산한 직장 여성에 대한 괴롭힘(maternity harassment) 방지를 위한 일본 법제의 동향 및 시사점〉, 《법학논총》 45, 2019 참고.

† 수술의 아픔을 이야기하다

우생보호법에 의한 불임수술 등의 문제는 역사의 두꺼운 벽에 막혔고, 피해자들은 침묵을 강요받아 왔습니다. 피해자에게는 너무나도 힘든 경험이었기 때문에 배우자 등 가까운 사람에게도 터놓을 수 없었거나, 한시라도 빨리 잊어버리고 싶다는 마음으로 기억에 덮개를 덮어 버렸던 것들이 침묵의 이유였다고 생각합니다.

또 수술 자체가 본인에게 설명 없이 행해졌거나 지적장애인의 경우 수술의 의미를 이해하기 어려웠다거나 하는 문제도 있어서 피해자가 증언하는 일 자체가 곤란한 상황이 오랫동안 이어졌습니다.

그러한 어려움을 무릅쓰고 귀중한 증언이 나오더라도 이를 뒷받침할 자료가 남아 있지 않은(업무를 담당한 지자체에 의해 파기되었거나 제대로 관리가 되지 않아 늦게 발견되거나) 문제도 있어서 불임수술 등의 실태를 해명하기란 무척이나 어려운 일입니다(앞의 책,《강제 불임》).

단, 실제로 수술을 강요받았던 장애인들이 완전히 침묵하고 있었던 것은 아니라는 점을 강조해 두고 싶습니다. 예를 들면 장애인이 쓴 문학작품 중에 이러한 수술을 주제로 한 것들이 조금씩 보입니다.

다음의 단카短歌는 월경 때 시중 드는 수고를 덜기 위해서 자궁 적출 수술을 받은(받게끔 요구받은) 뇌성마비 장애인이 지은 것입니다.

> 생리 없애는 수술을 받으라고 나에게 권하는 간호사의 어조 조금 경망스럽고
> メンスなくする手術受けよとわれに勧むる看護婦の口調やや軽々し
>
> 여자로 태어났기에 슬퍼하면서 자궁 적출 수술을 받고 있네
> 女などに生まれし故と哀しみつつ子宮摘出の手術うけ居り
>
> 우리 자궁이 보통 사람보다 작다며 의사는 손가락으로 모양을 만들고
> わが子宮の常の人より小さしと医師は指もて形をしめす
>
> 남자아이처럼 머리를 자른 후 생리 없는 나날을 보내니 목숨 덧없네
> 男の子の如髪刈り上げてメンスなき日日を過せり命空しく
>
> _ 오사다 후미코長田文子, 《치유 없는 몸의癒ゆるなき身の》

장애인들의 문학작품에는 이러한 심정이 종종 그려져 있습니다. 특히 우생보호법에 의한 불임수술 등의 대상으로

규정되었던 한센인들의 작품에는 수술의 아픔이나 슬픔을 주제로 한 것들이 꽤 두텁게 존재하고 있습니다.

> 비참한 나체가 겹쳐진 풍경
> みじめな裸体の重なる風景
>
> 거친 의사의 메스가
> 荒あらしい医師のメスが
>
> 비탄을 외치는 자멘 스트랭[정관]을 절제했다
> 嘆き叫ぶザーメン・ストラングを切除した
>
> 그 애처로운 커다란 부르짖음이
> その悲しい叫喚が
>
> 문득
> ふと
>
> 반항의 본체처럼도 생각되었는데……
> 反抗の本体のようにも思われたのに……
>
> 지친 앙상한 나무처럼 꿈은 헛되이 연소한다
> 疲れた裸木のように 夢は虚しく燃焼する
>
> _ 기타하라 노리오北原紀夫, 〈폐기된 자의 영역 2 모르모트의 눈〉 부분

한센인에게는 불임수술을 받는 것이 요양소 안에서 '결

혼의 조건'이 되었습니다. 사랑하는 파트너와 함께하기 위해 차가운 메스를 받아들일 수밖에 없다는 갈등이 이런 작품으로 결정화된 것입니다(아라이 유키,《격리의 문학》).

우생보호법의 운용에 관여한 관료나 의사를 거듭 취재했던《강제 불임》에는 당시의 관료와 의사 대부분이 "그때는 적법했다"라고 증언한 것이 기록되어 있습니다.

확실히 과거에는 우생보호법이 존재했으니까 불임수술 등도 '업무'로 행한 것이겠지요. 그러나 설령 "그때는 적법했다"라고 하더라도 거기에 존재했을 당사자들의 아픔이나 슬픔을 없었던 일로 치부해도 되는 것은 아닙니다.

이러한 장애인들의 목소리가 오랫동안 '보상받아야 할 피해'로 받아들여지지 않았다는 사실의 의미를 우리는 생각해 봐야 합니다.

† 우생보호법 개정안의 문제점

장애인 단체 중 처음으로 우생보호법의 문제에 대해 목소리를 낸 것은 푸른잔디회였습니다. 1972~1974년의 일입니다. 단, 여기서 논의의 초점이 되었던 것은 장애인 불임수술 등의 문제가 아니라 장애아동의 출생 예방에 관한 시비였습니다.

당시 논의를 정리해 봅시다.

1960년대, 주로 보수파 정치인이나 종교단체로부터 낙태 규제 강화를 요구하는 목소리가 높아졌습니다. 일본에서는 1950년대부터 낙태 건수가 급증하여, 실시 건수로는 연간 100만 건, 출생 대비(출생 100에 대한 낙태 수)로는 70퍼센트를 넘는 해가 나오기도 했습니다. 이런 상황하에서 '방임 낙태', '낙태 천국 일본'이라는 비판이 고조되었습니다.

또, 당시 의학계에서는 '예방'이라는 개념이 중시되면서 '이상아'나 '기형아'의 '발생 예방'이 주창되고 있었습니다. 배경 가운데 하나로 고도경제성장의 폐해라고도 할 수 있는 농약 피해나 공해에 의해 태어난 선천성 장애아동의 존재가 충격적으로 취급되었던 것을 꼽을 수 있습니다.

이러한 흐름에 따라 1970년부터 1974년에 걸쳐 국회에서 종종 우생보호법 개정안이 제출되었습니다.

당시의 정부가 제시한 개정안에는 여러 가지 문제가 있습니다만, 여기서는 두 가지로 좁혀보도록 하겠습니다.

하나는 그동안 낙태를 가능하게 하는 요건으로 존재했던 '경제 조항'(경제적 이유에 의한 인공 임신중절이 가능하다고 하는 조항)의 삭제이고, 다른 하나는 '태아 조항'(태아에게 장애가 있다고 판명된 경우 중절이 가능하다고 하는 조항)의 신설입니다.

첫 번째 '경제 조항'의 삭제에 대해서는 여성운동가들이 반대했습니다.

실은 인공 임신중절의 태반을 이 조항에 근거하여 행하고 있었습니다. 그렇기 때문에 '경제 조항'이 삭제된다면 여성은 사실상 '중절 금지'를 선고받는 것이나 마찬가지였고, 임신을 하면 아이를 낳도록 강제당하게 됩니다. 여성운동가들은 이러한 개정이 성과 생식의 국가 관리로 연결된다는 점을 비판하며 "낳을지·낳지 않을지는 여성이(내가) 정한다"라는 슬로건을 걸고 반대운동을 전개했습니다.

두 번째 '태아 조항'의 도입에 대해서는 푸른잔디회가 반대했습니다.

당시 생식 기술의 향상에 따라 자궁 내의 양수에 포함된 태아의 염색체를 검사해서 태아에게 유전성 장애가 있는지를 알아보는 기술(양수검사)이 보급되기 시작했습니다.

이에 대해 푸른잔디회는 태아가 장애를 이유로 낙태당한다면 장애인은 "원래 있어서는 안 되는 존재"(푸른잔디회는 이 표현을 사용합니다)로 규정되어 버린다고 호소했습니다.

이러한 이유로 우생보호법 개정안에 대해 여성운동 쪽

과 푸른잔디회가 반대운동을 전개했습니다. 그때 양자 간에 진지한 논의가 오갔다는 점을 덧붙여 두고 싶습니다.

푸른잔디회는 "낳을지·낳지 않을지는 여성이(내가) 정한다"라고 주장하는 여성운동가들에게 태아에게 장애가 있다고 판명된 경우 장애아동을 낙태할 권리까지 여성에게 주어지는가라며 비판을 쏟아냈습니다.

그 후, 여성운동 단체에서는 "낳을지·낳지 않을지는 여성이(내가) 정한다"라는 자기결정권을 전면에 내세운 슬로건을 "낳을 수 있는 사회를, 낳고 싶은 사회를"이라는 사회 변혁을 목표로 한 슬로건으로 바꿔 내걸었습니다. 그것은 여성의 주체성도 장애인 생명의 무게도 함께 떠안으려 한 진심 어린 균형감각의 표출이었다고 말할 수 있겠지요(앞의 책,《장애와 문학》).

† 푸른잔디회의 반론

푸른잔디회는 우생보호법 개정안에 반대하며 가두 연설과 집회 개최, 후생성에 항의문 제출, 후생성과의 단독 교섭, 중의원·참의원 의장에게 요청문 제출 등을 실행했습

푸른잔디회가 작성한 우생보호법 개정안 반대 전단.
가나가와현 사회복지협의회 자료실 소장.

니다. 또 1974년 춘투[4]에 참가하여(이 해의 춘투는 '약자 구제'를 내걸면서 '국민 춘투'라 불릴 정도로 성행했습니다) "우생보호법 개정안을 철회하라"라는 요구 조항을 집어넣었습니다.

결과적으로 우생보호법 개정안은 1974년 국회에서 '태아 조항'을 삭제하는 형태로 중의원을 통과했고, 참의원에서 심의 미완료·폐기안이 되었습니다. 그때 '태아 조항' 도입의 시비에 대해 사이토 쿠니키치齋藤邦吉 후생대신[5]은 "이 규정과 관련해 신체장애인 여러 분들로부터 여러 가지 의견이

---

4 [옮긴이] 춘계생활투쟁春季生活鬪爭의 약칭. 일본에서는 매년 봄 재계와 노동계 사이에 임금 인상이나 노동조건 개선 등을 둘러싸고 협상이 벌어지는데, 이를 일컫는 말이다.

5 [옮긴이] 대신大臣은 한국의 장관에 해당한다.

나오고 있다는 것을 저도 충분히 알고 있습니다"라고 푸른잔디회를 염두에 두고 답변했습니다(중의원, 사회노동위원회, 5월 16일).

이 답변이 있기 약 2개월 전인 3월 22일에 있었던 푸른잔디회와 후생성의 단독 교섭 석상에서 푸른잔디회 회장 요코즈카 고이치는 관료들에게 엄하게 따지고 들었습니다. 그 모습을 그는 다음과 같이 적고 있습니다.

> "모든 일에는 해도 좋은 것과 나쁜 것이 있다. 사람의 목숨과 관계된 일은 그것이 설령 다수의 의견이라고 해도 행해서는 안 된다. 당신들은 이 법안을 만듦으로써 해서는 안 될 일을 해 버린 것이다. 그 책임을 다하길 바란다. 이 법안이 국회에서 심의될 때 후생성 측이 '장애인이 반대하고 있기에 이 법안에는 문제가 많다'고 답변하겠다고 여기서 약속해라"라고 물고 늘어지며 그대로 후생성에서 1박 하고 23일의 춘투 공투 주최의 통일 행동에 참가했다.
>
> _《엄마! 죽이지 마》, 134~135쪽.

이 자리에서 요코즈카 고이치가 요구한 것이 얼마만큼 사이토 대신의 답변에 영향을 주었는지는 알 수 없습니다. 하지만 당시 국무대신이 "신체장애인 여러분들로부터" 제기된 비판을 염두에 두고, 법안 수정에 응해도 무방하다는 뜻으로 답변했던 일의 중요성은 강조해 두고 싶습니다.

그러면 푸른잔디회는 우생보호법 개정안에 대해 구체적으로 어떠한 반론을 전개했던 것일까요. 그 내용을 살펴봅시다.

1973년 푸른잔디회가 중의원과 참의원 의장 앞으로 보낸 〈청원서〉에는 다음과 같이 적혀 있습니다.

> 우생보호법 개정안 중 제14조의 4, 즉 "그 태아가 중증의 정신 또는 신체 장애의 원인이 되는 질병 또는 결함을 갖고 있을 우려가 현저하다고 인정되는 것"에 대해 인공 중절을 용인한다는 조항은 명백히 장애아동과 건강한 아동을 차별하는 사상에서 성립한 것이며, 법 아래의 평등을 명시한 헌법 제14조의 정신에 위배됨은 물론 <u>우리 중증 신체장애인의 생존권도 부정하려고 하는 것으로서</u> 결코 허용할 수 없습니다.
>
> 현재의 경제성장지상주의, 생산능력제일주의 사회에서 우리 중증 신체장애인은 "원래 있어서는 안 되는 존재"로서 물심양면에 걸쳐 억압 속에서 생활할 것을 강요받고 있습니다. 게다가 이 법안이 성립된다면 우리들의 존재는 점점 더 "있어서는 안 되는" 것으로 억압

받고, 이윽고 사회에서 정신적, 육체적으로 말살되어 갈 것임이 눈앞에 선합니다. 우리는 그것을 허락할 수 없습니다.

_《아유미》 19호 부록.

여기에 '생존권'이라는 단어가 쓰여 있습니다.

보통 '생존권'이라고 하면 헌법 25조에 규정된 "건강하고 문화적인 최저한도의 생활을 영위할 권리"를 의미합니다. 당시의 사회복지 문맥에서는 '아사히 소송'(1957년에 생활보호비 지급액을 둘러싸고 결핵 환자였던 아사히 시게루朝日茂가 후생대신을 상대로 제기한 소송)을 염두에 두고 사용되는 경우가 많았던 단어입니다.

그러나 푸른잔디회가 사용한 '생존권'이란 말은 조금 다르게 쓰여서, 대부분의 경우 직접적으로는 '살아갈 권리' 혹은 '이 세계에 존재할 권리'를 의미합니다. 즉, 푸른잔디회는 '태아 조항'의 도입이 중증장애인의 '존재' 그 자체를 부정하는 것이 되어 버린다고 주장하는 것입니다.

우생보호법에 '태아 조항'이 도입된다면 '장애인이 태어나는 것은 바람직하지 않다'는 관념이 법률로 명문화되게 됩니다. 법률로 명문화된다는 것은 '장애인의 존재는 바람직하지 않다'는 관념을 이 국가와 사회가 공인한다는 것이 됩니다.

중증장애인인 푸른잔디회 멤버들은 '태아 조항'의 도입을 곧바로 자기 자신의 '존재'를 부정하는 일로 받아들였던 것입니다. 예를 들어 요코타 히로시는 다음과 같이 말했습니다.

> 우리 장애인에게, 아니, 내게 이 '우생보호법 개정안'은 자기 생존에 관한 중요한 문제이다.
> 이 법안이 가결됨으로써 적어도 연간 몇천 명의 장애아동이 확실히 뱃속에서 말살되어 갈 것이다. 게다가 그것은 뱃속 장애아동의 삶만을 위협하는 것이 아니다. 장애아동을 뱃속에서 죽인다는 것은 우리들, 지금 생존해 있는 장애인의 존재 근거를 매우 훌륭하게 무너뜨리는 결과를 낳는다.
> 이 법안이 성립될 때, 그것은 모든 정상인이, 사회가, 권력이 나를 향해 "죽어"라고 말하는 것이다.
>
> _《장애인 살해의 사상》, 89쪽.

그들은 '장애아동은 태어나서는 안 된다'는 사고방식을 법률화하는 행위, 바로 그것이 장애인 차별이라고 호소했습니다. 당시로서는 획기적인 주장이었다고 할 수 있겠지요.

'불행한 아이 낳지 않기 운동' 당시 만들어진 팜플렛 (표지와 목차).
리브신주쿠센터 자료보존회 소장.

1960년대 중반부터 각지의 지자체에서는 '양수검사' 등을 권장하는 관민 운동이 벌어지고 있었습니다. 가장 유명한 것은 효고현이 추진했던 '불행한 아이 낳지 않기 운동'입니다.

당시는 장애아동의 출생을 예방하는 것이 장애인 차별에 해당한다는 발상 자체가 거의 없었고, 오히려 장애아동의 출생 수를 억제하는 것이 선진적인 복지라고 생각하고 있었습니다.

이런 풍조가 존재하던 시대에 푸른잔디회는 '태아 조항'의 도입에 반대했던 것입니다. 그들은 '태아에게 장애가 있다'는 이유로 낙태가 합법화되어 버린다면, 지금 살아가고 있는 장애인들도 원래는 태어나지 말았어야 할 존재(태어나는 것이 바람직하지 않았던 존재)로 규정되어 버리고 만다는 위험성을 지적했습니다.

'태어나서는 안 될 인간'의 요건이 법률로 명문화된다면 그러한 '요건'을 갖추고 있는 사람에 대해서 국가는 반드시 관용을 베풀지 않는 태도를 취하겠지요. 또 '태어나서는 안 될 인간이 존재한다'는 것을 국가가 공인해 버린다는 점도 문제이고 나아가 '태어나서는 안 될 인간'이란 누구이며 '태어나서는 안 될 인간의 요소'란 무엇인가를 판단하거나 결정할 권한을 국가가 갖게 됩니다.

경제성·합리성·생산성이라는 가치관만이 중시되는 현대사회에서 '바람직한 인간'과 '바람직하지 않은 인간'이 나뉜다고 한다면, 중증장애인은 가장 먼저 버려지게 됩니다. 이러한 점의 무서움에 대해 요코타 히로시는 다음과 같이 경종을 울리고 있습니다.

> 우생보호법에서 말하는 '불량한 자손'의 인정권이 어디까지나 당시의 국가권력에게 부여되어 있다는 것을 우리는 거듭거듭 인식해야만 한다.
>
> _《장애인 살해의 사상》, 67쪽.

† '부모적 가치관'에 대한 반발

푸른잔디회가 작성한 자료를 조금 더 살펴봅시다. 푸른잔디회가 우생보호법 개정안 반대 투쟁을 벌일 때 배포한 전단 〈장애인은 살해당하는 것이 당연한가!! 우생보호법 개정안에 반대한다〉에는 다음과 같은 구절이 있습니다.

> 재작년 5월, 요코하마에서 일어났던 장애아동 살해사건을 추적했던 우리가 발견한 것은 장애인(아동)의 존재를 인정하려고 하지 않는, 장애인이 태어나는 것을 '악'으로 생각하는 '부모'의 모습이었습니다.
> 현재의 곤란한 상황하에서 장애인(아동)을 지키고 키우는 일의 어려움은 몸소 알 수 있습니다. 하지만 단지 그것만으로 우리들의 존재를 '악'이라고 생각하며 말살하려 하고 게다가 그것이 "장애인에게는 행복"이라고 단언하기를 서슴지 않는 '<u>부모'로 대표되는 '정상인'의 에고이즘</u>이야말로, 실은 국가권력 혹은 거대 자본 세력의 책동을 부추기는 일 외에 아무것도 아니라는 점을 지적하지 않을 수 없습니다.
>
> _ 앞의 책, 《아유미》 19호 수록.

또 푸른잔디회가 1973년 4월 22일에 개최했던 우생보호법 개정 저지를 위한 결기 집회에서는 다음과 같은 결의 표명이 있었습니다(이 집회에는 우생보호법 개정에 반대하는 19개 단체가 참여했습니다).

이 법안은 이후 대량 발생이 예상되는 미나마타병,[6] 모리나가 분유 비소 중독[7] 등에서 볼 수 있는 각종 공해로 인한 환자, 기형 등 기업이 만들어 내는 죄악을 사전에 은폐하는 것을 목적으로 함이 분명하다. 우리는 여기서 그러한 말살의 논리에 기반하여 인간의 존엄을 무시하는 우생보호법 개정안에 단호히 반대함과 동시에, 장애

---

6 [옮긴이] 미나마타병은 수은 중독으로 발생하는 다양한 신경학적 증상과 징후를 특징으로 하는 증후군이다. 이와 유사한 공해로 인한 질병을 통칭하는 경우도 있다. 유기수은 중독의 증상은 사지·혀·입술의 떨림, 혼돈, 진행성 보행 실조, 발음 장애 등이 나타날 수 있으며 감정의 변화 및 행동 장애도 나타난다. 특히 감정의 변화는 초기에 무기력, 피로 등으로 시작하지만 이후 심한 우울증으로 진행될 수 있다. 1956년, 일본 구마모토현 미나마타시에서 메틸수은이 포함된 어패류를 먹은 주민들에게 집단적으로 발병하면서 사회적으로 큰 문제가 되었다. 문제가 되었던 메틸수은은 인근의 신일본질소화학비료주식회사 공장에서 바다로 방류한 것으로 밝혀졌고, 공식적으로 2265명의 환자가 확인되었다.

7 [옮긴이] 1955년 6~8월, 오카야마현 일대의 영유아들에게 발열, 구토, 기침, 설사로 시작하여 피부 발진과 색소 침착, 복부 팽만, 빈혈로 이어진 괴질이 번졌다. 증상이 심한 아이들은 황달과 경련성 발작 끝에 목숨을 잃기도 했다. 일본의 제과업체 모리나가森永에서 판매한 분유가 그 원인이었다. 공장 측이 생산단가를 낮추기 위해 분유 응고를 막고 물에 잘 녹게 하려고 첨가한 제2인산소다에 공업용 제품을 사용한 사실이 밝혀졌고, 거기에는 인체에 유해한 다량의 비소가 포함되어 있었다. 이듬해 6월 후생성에서 발표한 통계에 따르면 비소 중독 사망자는 130명, 피해자는 12131명에 달했다.

아동이 태어나는 것을 두려워하고 걸핏하면 장애인의 존재를 부정하려 하는 '부모'로 대표되는 '정상인'의 에고이즘이야말로 국가권력의 책동을 부추기는 일 외에 아무것도 아니라는 점을 지적하고 고발한다. 생산활동에 종사하지 않는 장애인을 악, 즉 '불행'이라고 단정 짓는 현대의 가치관을 바로잡는 것이 우리들의 사회참여라고 믿으며, 이 개악안이 국회에서 통과되든 부결되든 상관하지 않고 싸움을 이어 갈 것을 여기에서 선언한다.

_〈살해당하는 입장에서: 집회 선언〉, 앞의 책,《아유미》19호 수록.

두 글 모두 "'부모'로 대표되는 '정상인'의 에고이즘"이라는 문구가 나옵니다.

애초에 푸른잔디회가 사회에 충격을 주었던 것은 그동안 신성시되었던 '장애인의 부모'를 차별자라고 고발했기 때문이었습니다. 그들에게 우생보호법 개정 반대운동은 '부모로부터 생존을 부정당하는 공포'라는 점에서 5장에서 본 장애아동 살해사건에 대한 감형반대운동과 맞닿아 있는 문제였던 것입니다.

이러한 그들의 주장을 한 발 더 나아가 표현한다면 '부모적 가치관에 대한 반발'이라고 말하는 것이 가능할지도 모르겠습니다.

'부모적 가치관'이란 장애인 당사자의 고생보다도 부모의 고생을 무겁게 여기는 세상의 상식이며, 장애인 당사자의 목소리보다도 부모의 목소리가 크게 울리는 사회의 모습입니다(조금 단순화하는 경향이 있습니다만, 1970년대 푸른잔디회의 싸움은 그 대부분이 '부모적 가치관'과의 투쟁이었다고 할 수 있겠지요).

실제로 '태아 조항'의 필요성을 말할 때도 장애아동을 낳은 부모의 고생을 강조하고 있었습니다. 앞서 사이토 후생대신의 답변을 이끌어 낸 질문자는 다음과 같이 발언합니다.

> 저희도 이 개정의 취지를 잘 알고 있으며 그렇게 선천적으로 심신장애가 무척 심한 사람, 본인뿐만 아니라 온 가족이 오랜 기간 그것 때문에 무척이나 고생하지 않으면 안 되었고, 그게 원인이 되어 일가족 집단 자살이라든가 과거에 있었던 여러 가지 비극이 일어났습니다. 그것을 구제한다고 하는, <u>말하자면 부모의 마음에서 우러난 구제 규정</u>이라고 저는 생각합니다.
> _ 자민당·야마시타 도쿠오山下德夫, 중의원·사회노동위원회, 5월 16일.

실은 푸른잔디회 회원들이 쓴 글에서 자신이 친부모에게도 원치 않는 존재이지는 않을까 자문자답하거나 깊이 고민하는 표현이 여기저기 조금씩 보입니다. 이런 비애와 분노가 소용돌이치는 갈등이 장애아동 살해사건에 대한 감형 반대운동의 원동력이 되었습니다(아라이 유키, 《차별받는다는 자각은 있는가》).

푸른잔디회의 눈에는 국가라는 존재가 '상징적인 부모'처럼 비치고 있었을 테지요. 푸른잔디회 입장에서 보자면 "우생상의 견지에서 불량한 자손의 출생을 방지"하는 우생보호법 혹은 태아의 장애를 이유로 낙태를 가능케 하는 '태아 조항'의 규정은 국가라는 '상징적인 부모'에 의해 자신들의 존재가 '원치 않는 것', '말살되어야 할 것'으로 규정되는 것을 의미했습니다.

그런 의미에서 장애아동 살해사건에 대한 감형 반대와 우생보호법 개정 반대는 푸른잔디회에게 서로 닮은꼴의 문제였던 것입니다.

† 장애인의 '성性'과 마주하다

그렇다 하더라도 "'부모'로 대표되는 '정상인'의 에고이즘"

이란 심한 말본새입니다. 푸른잔디회 안에서 왜 우생보호법 문제가 '부모' 비판과 이어져 있었던 것일까요. 이 점에 대해 좀 더 파고들어 생각해 봅시다.

푸른잔디회 안에서도 우생보호법 문제에 민감하게 반응하고 강한 위기감을 안고 있었던 이들은 마하라바 마을(2장)을 경험했던 인물들이었습니다. 어째서 그들은 우생보호법에 반응했던 것일까요. 거기에는 그들이 결혼하고 아이가 있었다는 사실이 크게 영향을 미쳤다고 생각합니다.

마하라바 마을을 경험했던 푸른잔디회 멤버들은 같은 뇌성마비 장애인끼리 결혼하여 아이를 얻었습니다. 1960년대 중반의 일입니다. 현재는 장애인 커플이 결혼하여 아이를 낳고 키우는 것도 드문 일은 아닙니다(단, 아직도 거센 비난이 있습니다). 하지만 당시의 사회 풍조로는 중증장애인이 연애·결혼·임신·출산·육아를 한다는 것을 상상도 못하는 사람이 많았을 것입니다.

'상상도 못하는'이라는 말은 '전례가 없다'는 것만이 아니라 '금기'이기에 생각하는 일 자체를 피하고 있었다는 것이기도 합니다. 그 정도로 장애인의 '성'에 관해서나 장애인 자신이 '성'에 관심을 갖는 일은 오랫동안 꺼려져 왔습니다.

실제로 신체장애인의 월경 보조에 따르는 수고를 덜기 위해 자궁 적출을 행하거나 지적장애인이 이성에 관심을 갖기 시작했기 때문에 곤란하다는 이유로 불임수술을 해 왔습니다. 그중에는 장애인의 부모나 '부모와 같은 입장'에 있는 시설 직원이 장애인을 '성'과 관련된 문제 상황으로부터 떨어뜨리기(지키기) 위해 그러한 수술을 필요로 했던 사례도 있습니다.

우생보호법 개정 반대운동을 이끌었던 멤버들은 이러한 사회 풍조나 부모·형제들의 반대에 저항하면서 장애인끼리 결혼하여 아이를 낳아 기르는 일에 도전해 왔습니다. 장애인이 결혼하여 아이를 낳아 기르는 일에 도전하고 또 그것을 자기실현으로 위치 지었던 첫 세대라고 해야 할 이들이었던 것입니다.

푸른잔디회가 장애인의 '성' 문제에 맞서 싸워 온 길에는 하나의 흐름이 있습니다.

1장에서 소개했던 문예지 《시노노메》(초기 푸른잔디회의 전신이었던 문예 서클)에는 이미 1950년대 중반부터 장애인의 '성(성욕)'을 주제로 한 문학작품이나 평론 등이 종종 지면에 등장하고 있었습니다. 그러한 작품·평론에서 보이는 것은 재가 장애인들이 부모로부터 '성의 억압'을 받고, 그 반동으로 성적인 파트너를 구하고자 하는 심리입니다.

여기서 말하는 '성의 억압'이란 '장애인에게는 성욕이 없다(필요없다)', '장애인은 이성에게 관심이 없다(가져서는 안 된다)', '장애인을 누군가가 성적 파트너로 요구할 일이 없다(원하지 않는다)'라는 선입관을 강요받는 일입니다.

《시노노메》라는 문예지에는 부모에게 이러한 선입관을 강요받았던 장애인들이 자신은 '부모의 부속물'이 아니라 한 명의 '인간'이라는 것을 증명하기 위해 억지로 가장 기피되는 '성'을 건드리려 하는 심리가 종종 소설이나 에세이 등에서 그려지고 있습니다(앞의 책, 《장애와 문학》).

초기 푸른잔디회 안에서도 장애인의 성 문제는 중요한 과제였습니다. 푸른잔디회의 회보 등에는 장애인의 연애나 결혼을 주제로 한 글이 자주 실렸습니다.

마하라바 마을을 개설했던 오사라기 아키라 스님도 이러한 뇌성마비 장애인들의 '성' 논의에 자극을 받았던 것 같습니다. 오사라기 스님은 주간지(《여성센스》 1966년 11월 9일 호)의 취재에 다음과 같이 답했습니다.

35년[옮긴이: 1960년] 여름이었습니다. 저도 관여하고 있는 뇌성

마비자 동인지 《시노노메》(발행처·도쿄) 모임이 가스미가우라霞ヶ浦에서 캠핑한 적이 있어요. 그때 여러 가지 이야기가 나왔습니다. 신체장애인도 인간이다, 사랑도 하고 싶다, 결혼도 하고 싶다…. 그 목소리가 아플 정도로 저의 가슴을 때렸습니다. 뇌성마비자들이 힘을 합쳐 살아갈 수 있고, 결혼도 가능한 시설… 그것을 어떻게 해서든 만들어 주고 싶다…. 그렇게 생각해서 오래된 절입니다만, 저의 절을 제공한 거지요.

마하라바 마을이 만들어진 배경에는 여러 가지 사정이 있었지만, 그 작지 않은 요인 가운데 하나가 '장애인의 성' 문제에 몰두한 것이었습니다. 실제로 마하라바 마을에는 이성과의 만남을 원해서 참가한 뇌성마비 장애인도 적지 않았습니다. 종종 이름이 나오는 요코타 히로시도 그러한 동기를 가지고 마하라바 마을로 뛰어들었던 한 사람입니다.

[그리고 위의 오사라기 아키라 스님의 발언에 주석을 달아 두겠습니다. 스님이 말하는 "(쇼와) 35년 여름"에 '시노노메'가 "가스미가우라에서 캠핑"을 했다는 것은 '이바라키현 남부 장애인 모임'이라는 단체가 아유미자키步崎에서 개최했던 캠핑을 말한 것이라고 생각합니다. 이 단체와 '시노노메' 및 초기 푸른 잔디회에 많은 뇌성마비 장애인이 참가했었기에 멤버가 겹치

는 부분이 있었습니다(이상의 경위에 대해서는 오사라기 아키라 스님의 따님인 마스다 레아增田レア 씨가 가르쳐 주었습니다. 또 '이바라키현 남부 장애인 모임'의 활동에 대해서는 마스다 씨의 저작 《무연의 지평에無緣の地平に》에 기술되어 있습니다).

덧붙여 말해 두자면, 초기 푸른잔디회는 장애인의 '성'을 일찍부터 논의하고 있었습니다. 초기 푸른잔디회가 매년 여름마다 개최했던 정례 캠핑(하야마마치葉山町)의 1960년 모임에서는 '애정'이나 '결혼'에 대해 이야기하고 있습니다(《푸른잔디》 3주년 기념 특별호). 당시 푸른잔디회의 회장이던 야마기타 아쓰시가 같은 해 10월에 결혼하기에, 푸른잔디회에게 '장애인의 결혼'은 피부에 맞닿은 문제이기도 했을 것입니다.]

마하라바 마을에서는 야다 류지-이다 사와코飯田佐和子의 결혼(1965년)을 시작으로, 요코타 히로시-나가야마 요시코永山淑子, 하라다 마쓰오原田松男-스즈키 후미코鈴木婦美子, 요코즈카 고이치-세키구치 리에関口りゑ의 결혼이 이어졌습니다. 특히 요코타, 하라다, 요코즈카의 결혼은 합동결혼식의 모습이 주간지에 실려 화제가 되었습니다(《여성센스》 앞의 호 / 《주간 아사히예능》 1966년 10월 30일 호).

이처럼 1950~1960년대에 장애인에게 먼 '동경憧憬'이었던 '성'이 1960년대 후반에서 1970년대가 되면 현실에서

마하라바 마을 주민들의 합동결혼식을 전하는 특집기사.
《여성센스》 1966년 11월 9일 호.

맞서 싸워야 할 '과제'가 되었던 것입니다.

† 결혼이라는 '인간 복권復權'

그렇지만 당시 장애인들이 '이성과 만난다-연애한다-섹스한다-결혼한다-아이를 만든다'라는 일을 원할 때, 가장 먼저 벽이 되어 막아서는 것이 '부모'였습니다.

푸른잔디회에서 이어진 장애인끼리의 결혼을 보도했던 아사히신문(케이힌[京浜]판, 1970년 6월 26일 자) 기사에서 요코타 히로시는 다음과 같이 이야기하고 있습니다.

"내가 결혼할 때 부모도 형제도 크게 반대했다. 부모가 돌봐준다. 부모가 죽으면 형제가 너를 돌봐줄 거다. 마치 갓난아기 취급이다. 정말 살아 있다고 할 수 있는가. <u>신체장애인은 인간이 아니라는 건가</u>. 나는 주위의 모든 것에 저항하며 결혼했다."

"음지에 놓인 우리가 결혼에 뛰어들게 된 것은 인간 복권이 이뤄졌다는 뜻이다. 몰이해, 방해가 아직도 많지만 신체장애인들은 결혼을 더욱더 많이 해야만 한다."

_ 〈사랑이야말로 내 목숨〉

또, 이 기사 머리글에는 다음과 같이 적혀 있습니다.

"신체장애인이기에 오히려 피는 뜨겁다. 그런데도 사람을 사랑하고 사랑받아서는 안 된다고 누가 정했나. 우리의 자유는 빼앗을 수 없다"—이렇게 외치며 주위의 반대를 무릅쓰고 결혼한 중증 뇌성마비 부부가 있다. 일할 수 없으니까 생활은 어렵다. 하지만 "<u>진짜로 사는 것은 결혼하는 것이다</u>"라며 생활보호를 받으며 결혼에 뛰어드는 적극적인 사람이 늘었다.

그들에게 '이성과 만난다-연애한다-섹스한다-결혼한다-아이를 만든다'라는 것은 자신의 욕망을 해방한다는 의미에서(혹은 자신도 '욕망'이라는 에너지를 가진 존재라는 것을 확인하는 의미에서) 그 자체로 "인간 복권"이었으며 "진짜로 사는 것"을 내건 사회운동이었던 것입니다.

하지만 이런 일들은 그들에게 심각한 갈등을 불러왔습니다. 그 갈등을 두 가지 측면에서 생각해 봅시다.

첫 번째는 "인간 복권"이나 "진짜로 사는 것"의 획득이 '억압에 대한 저항'이라는 형태로 나타난다(그 외에는 나타날 수 없다)는 점입니다.

'결혼'이라는 제도 하나만 따져 봐도 가사·육아를 담당할 노력의 불균형이나 어느 한쪽(많은 경우에 여성)이 익숙한 '성姓'을 포기해야만 하는[8] 젠더 비대칭성 같은 문제가 있습니다.

경우에 따라 '결혼'이라는 제도는 사람을 구속하거나 억압하기 쉽습니다. 예를 들어 여성은 '엄마'나 '아내'라는 성역할을 부여받고 그 범위 안에서만 살아갈 것을 요구받습니다. 이러한 문제 제기는 당시(1970년대)부터 여성운동가들에 의해 주창되어 왔습니다(그러한 여성운동가들이 우생보호법 개

---

8 [옮긴이] 일본의 경우 결혼을 하면 하나의 가족[家]을 구성하는 것으로 간주하여 구성원 전체의 성을 하나로 통일해 왔다. 이를 '부부동성제'라고 부른다. 본문에서 언급한 것처럼 대체로 남성의 성을 여성이 따랐고, 자녀 또한 아버지 쪽의 성을 따른다. 최근에는 이에 대한 문제 제기가 활발히 이루어져 결혼 후에도 여성이 성을 바꾸지 않고 결혼 전에 쓰던 성을 그대로 유지하기를 선택할 수 있는 '선택적 부부 별성제' 도입이 논의되고 있다.

정 반대운동에서 푸른잔디회와 대치하여 함께 싸웠습니다).

하지만 푸른잔디회에 모였던 장애인들은 "금지되었던 것을 손에 넣는다", "세간의 장애인 상을 뒤집는다"라는 반격의 자세로써 "인간 복권", "진짜로 사는 것"을 손에 넣으려고 했습니다.

당시 장애인 운동가들의 발언에는 남성 장애인이라면 지금까지 자신을 '남자'로 보는 일이 없었기 때문에 '여자'를 얻어서 '남자'임을 증명하려고 하거나, 여성 장애인이라면 '결혼'해서 '아내'나 '엄마'가 됨으로써 '여자로 사는 보람'을 얻으려 하는 심리를 드러낸 것이 적지 않았습니다(푸른잔디회는 인간을 생산성이나 경제성이라는 관점에서 가치를 매기는 것을 부정했다는 점에서는 극히 급진적이었지만, 남녀의 성역할을 보는 관점에서는 보수적인 측면을 갖고 있었습니다).

이것은 곧 '이성과 만난다-연애한다-섹스한다-결혼한다-아이를 만든다'라는 행위가 자신들의 인생을 좁은 범주에 몰아넣으려 하는 부모에 대한 반발이란 의미를 다분히 지니고 있었다는 것이기도 합니다(요코타 요시코,[9] 〈이 십자가를 등에 지고서 나는 사랑으로 산다〉).

---

9 [옮긴이] 요코타 히로시와 결혼한 뒤 성을 바꾸었기에 나가야마 요시코가 아닌 요코타 요시코로 이름을 쓰는 것을 확인할 수 있다.

요코즈카 고이치도 자신의 결혼에 관해 "부모의 세력권"에서 벗어나고 싶었다는 맥락에서 다음과 같이 말하고 있습니다.

> 내 아들이 지금부터 일생 동안 장애인 부모로 인해 얼마나 고생할 것인가 하는 점은 미리 예측할 수 있겠지요. 그래도 우리는 낳아서 기르고 있습니다. 장래에 아이에게 왜 낳았냐고 질문을 받더라도 한마디도 할 수 없겠지요. <u>내가 인간이라는 것을 증명하기 위해서, 또 나 한 사람의 자기주장을 위해서 아이가 필요했던</u> 것입니다.
> _《엄마! 죽이지 마》, 48쪽.

그들의 갈등 두 번째는 이렇게 해서 얻은 아이가 자신과는 다른 '정상인'이었다는 점입니다.

푸른잔디회는 "'정상인'의 에고이즘"을 부정하고 장애인으로서 살겠다고 태도를 고쳐 사회의 이러저러한 억압을 뿌리치며 결혼하여 아이를 얻었습니다. 하지만 뇌성마비 장애인 커플에게서 태어난 아이가 반드시 뇌성마비 장애인이라고는 할 수 없습니다. 사실 그들의 아이들은 그들이 '정상인'이라 부른 사람들과 같은 건강한 신체를 갖고 있었습니다. 이런 점에 대해서 요코즈카 고이치는 다음과 같이 말하고 있습니다.

> "뇌성마비자에게 가장 불행한 일은 뇌성마비자 부모에게서 정상인이라고 불리는 아이가 태어나는 것이다"라고 말하면 무척 화를 내게 될까.
>
> _《엄마! 죽이지 마》, 27쪽.

아이가 '정상인'이라는 사실은 그들을 더욱 갈등으로 이끕니다.

태어난 아이가 건강하고 튼튼하다며 기뻐하는 일은 '자연스러운 부모의 마음'일지도 모릅니다. 그러나 푸른잔디회는 장애인이 '정상인'을 좋은 것으로 믿고 동경하는 심리를 '정상인 환상'이라 부르며 강하게 경계했습니다(2장 참조).

그런 그들에게 '아이가 정상인이라는 것을 기뻐하는' 일은 '역시 장애인보다도 정상인인 쪽이 좋다'는 '정상인 환상'이 자기 자신의 내면 깊이 뿌리내리고 있음을 증명하는 것이 되어 버립니다.

또 아이가 '정상인'이라는 것은, 아이는 '정상인' 중심의 사회에서 살아가게 될 것임을 의미합니다.

원래 그러한 '정상인' 중심의 사회에 등을 돌리고 이른바 아웃사이더로서의 삶을 추구했던 것이 마하라바 마을의 시도였는데, 거기서 아이를 얻은 뇌성마비 장애인 커플은 마하라바 마을을 이탈하여 아이를 일반 사회에서 키우기로 선택했습니다.

이에 대해 요코즈카 고이치는 다음과 같이 말합니다. 조금 길지만 마하라바 마을의 "해체"에 대해 이야기해 주는 귀중한 증언이기에 인용하겠습니다.

> 또 한편, 우리는 일반 사회에서 쫓겨난 존재이지만 그만큼 반대로 일반 사회에 대한 동경이 끈질길 정도로 뿌리 깊게 자리 잡은 면이 있다. 이 동경이 우리 조직을 파괴의 방향으로 향하게 한다. 결혼의 필연적 결과로서 아이 셋이 콜로니에서 탄생한 것, 지금 생각해 보면 이것이 결정적인 콜로니 해체의 요인이었던 것으로 보인다. 즉, 자신이 중증장애인이어도 아이는 건강한 사람인 것이다. 정상인은 정상인 속에서 키우지 않으면 안 된다는 의식이 생겨나고, 차례차례 콜로니에서 떠났다. "나를 위해서가 아니라 이 아이를 위해서"라는 것인데, 본인 자신은 알아차리지 못할지도 모르지만 이것은 대단한 속임수이며 흔히 말하는 착각이라고 생각한다. 아이를 자기 생명의 연장으로 여기며 그 아이를 통해서 자기 자신이 사회에 복귀하고 싶다는 것이다. 나는 여기서 누

군가를 나무라는 게 아니다. 전에도 말했던 것처럼 중증장애인, 나아가서 인간으로서 삶의 방식을 문제 삼고 있는 것이다.

그렇다고 해도 자기 생명의 영속성에 대한 집착과 자기를 쫓아냈던 사회에 대한 동경의 에너지가 나로서는 놀라울 따름이다. 이를 극복할 수 있는 것은 종교 외에는 길이 없겠지. 오사라기 스님은 종교인이었다. 그래서 그 입장에서 콜로니 이론(아웃사이더 이론)을 세우고 실제로 시도해 보았던 것이지만, 거기에 응답할 힘이 우리 CP 쪽에는 없었던 것이다.

_〈패배한 군대의 병사〉

이와 같은 심각한 갈등에 직면해서도 그들은 또 아이를 만들기로 선택했습니다. 그렇게까지 아이에 집착했던 이유는 무엇이었을까요.

† '인간'을 정의하는 방식을 바꾸다

앞서 인용했던 요코타 히로시, 요코즈카 고이치의 말(특히 밑줄 친 부분)에 다시 한번 주목해 주십시오.

결혼하여 아이를 만드는 일이 "인간"으로서의 존재 증명과 깊이 연결되어 있다는 점을 눈치채게 될 것입니다. 특히 요코즈카는 자신이 "인간이라는 것을 증명하기 위해서" 아이를 필요로 했다고까지 말하고 있습니다.

아이를 만듦으로써 "증명"되는 "인간"이란 어떤 것일까요. 그들에게 "인간"의 정의란 어떠한 것이었을까요. 요코즈카의 저서에서 "인간"이란 말의 용례를 찾아보면 다음과 같이 마음에 걸리는 표현이 발견됩니다.

> 권력에 의한 격리 정책을 허용하는 한 장애인 복지는 있을 수 없으며, 인간사회 본연의 상태로서도 바람직하다고는 생각할 수 없다. 그러면 우리 뇌성마비자, 정신박약자의 생활 형태는 도대체 어떻게 하는 게 좋을까. 그것은 역시나 다른 사람—<u>같은 인간의 몸에서 나온 사람</u>—이 그러한 것처럼 각각의 지역에서 살고, 자신의 생활을 영위하는 것이 원칙이 되어야만 한다고 생각한다.
>
> _《엄마! 죽이지 마》, 48쪽.

아무래도 요코즈카라는 인물은 "인간"이라는 말을 '인간에게서 태어난 사람' 혹은 '낳다-태어나다라는 생명의 이어짐으로 묶여 있는 사람'이라는 의미로 사용하고 있는 듯합니다.

실은 이와 같은 "인간"이라는 말의 용례는 요코즈카에 국한되지 않습니다. 요코타 히로시에게도 보이고 동 세대 다른 장애인들에게서도 보입니다(앞의 책,《차별받는다는 자각은 있는가》).

"인간"이라는 단어에 이러한 의미와 내용이 담겨 있다는 것은 뒤집어 말하면 그만큼 "인간"으로서 취급받지 못하고 학대받아 왔던 것에 대한 분노·비애·원한이 그들 안에 잠재해 있었다고 생각할 수 있습니다.

"인간"으로 인정받지 못했기 때문에 "인간"을 얻음으로써 자신도 "인간"임을 증명하겠다. 그러한 심리가 있었던 것 같습니다.

이와 같은 "인간"관(혹은 생명관)을 가진 그들이었기에 "우생상의 견지에서 불량한 자손의 출생을 방지한다"라고 한 우생보호법, 또 '태아 조항'을 도입하려고 한 우생보호법 개정안 모두 자신들을, 장애인을 '낳다-태어나다'라는 생명의 이어짐에서 배제하는 것으로 받아들였겠지요.

'성'이나 '생식'에 관련된 일은 개인의 존엄과 직결되는 문제입니다.

특히 '아이'에 관해서는 낳다, 낳고 싶다, 낳지 않는다, 낳을 수 없다, 지금은 낳을 수 없다 등으로 사람마다 다양한 사정을 품고 있습니다. 각자가 놓인 상황 속에서 선택지를 가질 수 있는 것이 중요합니다.

특히 '다이버시티diversity(다양성)'가 중요한 키워드로 떠오르는 현재, 이러한 '성'과 '생식'에 관련된 일은 더욱 신중한 판단과 대응이 요구되는 문제가 될 테지요('다이버시티 사회'를 제 나름대로 정의한다면 '각각의 사정과 선택을 침해받지 않는 사회'입니다).

이와 같은 현재의 감각에서 보자면 푸른잔디회의 "인간"관은 꽤나 보수적이고 오래된 것으로 느껴질지도 모릅니다. 어쩌면 너무나 나이브한 것으로 보일 수도 있습니다. 또 '아이를 낳는다'라는 행위를 '운동의 일환'으로 파악하는 사상에 위화감을 느끼는 사람도 있겠지요.

사실 장애인운동이 쟁취한 '장애인도 아이를 낳는다'라는 인식이 후세대의 (특히 여성) 장애인들에게 때로는 심리적 압박을 주는 문제도 지적되고 있습니다(《당사자 연구와 전문지식》).

하지만 당시 그들이 들이밀었던 것은 '장애인이니까'라는 이유로 처음부터 '낳다-태어나다'라는 이어짐에서 배제해도 되는가, 또 국가가 법률을 통해 그러한 가치관을 명문화해도 되는가 하는 문제였습니다. 이러한 질문의 중요성을 지금 다시 생각해 보지 않으면 안 되겠습니다.

5장에서 본 장애아동 살해사건에 대한 감형반대운동에서 푸른잔디회가 작성한 전단(본문 147쪽)을 다시 살펴봅시다.

> 우리는 살고 싶습니다.
> 인간으로 사는 것을 인정해 주길 바랍니다.
> 단지 그것뿐입니다.
> _〈CP의 생명을 지키기 위해 정당한 재판을 CP者の生命を守るために正当な裁判を〉

여기 나오는 "인간으로 사는 것을 인정해 주길 바랍니다"라는 말은 그저 단순하게 장애인 일개인에게 살아갈 자원을 나눠 달라는 주장이 아닙니다. 또는 사회의 한켠에 그들만 조용히 살아갈 수 있는 공간을 비워 달라는 것도 아닙니다.

푸른잔디회 운동가들의 '말투'를 주의 깊게 읽어 나가면 "인간으로 사는 것을 인정해 주기를 바랍니다"라는 말은 장애인도 이 사회 안에서 사람에게서 태어나고 사람을 낳기도 하는 존재로서 인정해 주기를 바란다는 뜻입니다.

푸른잔디회의 우생보호법 개정 반대 투쟁이란 '장애인과 함께 산다'는 것을 이와 같은 차원까지 파고 들어가서 생각해 달라는 호소이지 않을까요.

나가며
장애인 차별과 맞서는 언어

　마지막으로 언어 관점에서 1970년대 이후 장애인운동을 돌아보고, 이 사회가 얼마만큼 나아가고 있는가에 대해서 생각해 보겠습니다.

† 바뀌지 않는 언어

　2016년 7월 26일에 발생한 '사가미하라 장애인 시설 살상사건'(이하, 사가미하라 사건으로 표기) 이후, 이 사건을 둘러싼 보도 가운데 어떤 단어(관용구)를 여러 번 보았습니다. 하나는 '우생사상'이고 다른 하나는 '장애인도 똑같은 인간'이라는 말입니다.
　먼저 첫 번째 '우생사상'부터 살펴볼까요.
　'우생사상'이란 대개 "건강하고 뛰어난 심신을 갖춘 사람을 '선'으로 여기고 그러한 '소질'을 갖춘 사람의 수를 늘려

가는 한편, 장애나 질병이 있는 사람을 열등한 '악'으로 여기고 그러한 '소질'을 갖춘 사람의 수를 줄여 나가려 하는 가치관"이라는 의미에서 사용되며, '장애인 차별'의 근원에 있는 사상으로 파악되고 있습니다. 사가미하라 사건은 이와 같은 '우생사상'이 최악의 형태로 현실화한 사건이라 할 수 있겠지요.

각 신문에서는 이 사건을 검증·고찰하는 특집을 기획했습니다. 그러한 특집기사에서도 종종 이 말이 키워드가 되었습니다.

예를 들어 아사히신문에 연재된 〈사가미하라 사건이 던진 것(상)〉(2016년 8월 25일 자)에서는 〈우생사상, 연쇄하는 무서움〉이라는 제목으로 일본장애인협의회 후지이 가쓰노리藤井克德 대표의 말이 실려 있습니다.

이 기사에서 후지이 대표는 사가미하라 사건의 피고인(이 책을 집필할 때의 신분)이 발언한 "히틀러의 사상을 따랐다"라는 취지의 말에 대해 나치의 "소름 끼치는 사상"이 다시 등장하는 것을 염려하고 있습니다.

나치 독일이 다수의 정신질환자를 학살했던 시설을 방문한 경험이 있었던 후지이 대표는 "노동 능력으로 인간 가치의 우열을 가르고, 강자만을 남기려 하는 우생사상은 비

장애인과는 관계가 없어 보인다. 그러나 약자를 찾는 일은 고령자, 환자로 이어진다. 이것이 우생사상의 무서움이다"라고 경종을 울리고 있습니다.

다만 같은 기사에서 사회학자 이치노카와 야스타카市野川容孝 씨도 지적하고 있듯이 '우생사상'은 원래 나치에서 유래한 것도, 나치에게서만 보이는 특수한 사고방식인 것도 아닙니다. 이러한 가치관에 기반하여 장애인의 출생을 예방하려 하거나 장애인에게 아이를 낳지 못하도록 만들기 위한 수술을 강요하였던 정책은 정도의 차이만 있을 뿐 세계 각지에서 도입했던 것입니다.

일본에서도 1996년까지 "우생상의 견지에서 불량한 자손의 출생을 방지한다"를 목적으로 하는 우생보호법이 존재했다는 사실을 7장에서 살펴보았습니다. 과거에는 '장애인은 없는 편이 낫다'고 하는 가치관이 차별적이라는 인식이 없었던 것입니다.

단, 이와 같은 가치관이 '우생사상'이라는 단어로 지칭되고 '장애인 차별로 이어지는 잘못된 가치관'이라며 비판받게 된 것은 역시나 나치 독일에 의한 장애인 학살 비판과 밀접한 연관이 있습니다.

'장애인은 없는 편이 낫다'라는 가치관이 장애인 차별로 이어진다는 문제 제기가 나오게 된 계기도 1970년대에 있었던 푸른잔디회의 운동이었습니다.

'우생학'이나 '우생사상'의 역사를 살펴보기에 좋은 입문서 《우생학과 인간사회優生学と人間社会》에 의하면 '우생학'이나 '우생사상'이 나치의 장애인 학살이라는 악몽과 연결되어 극히 차별적인 사상으로 문제시되기 시작한 것은 1970년 전후라고 합니다.

그 배경으로는 공민권 운동의 고조나 반전·반공해 운동에 의해 높아진 과학기술에 대한 경계심 그리고 분자생물학의 발전에 따른 DNA 해석의 진전 등을 꼽을 수 있습니다. 특히 일본에서는 푸른잔디회에 의한 일련의 장애인 차별 반대 투쟁이 "그 후의 '우생'에 대한 부정적 이미지 형성에 결정적인 역할을 했다"라고 지적합니다(《우생학과 인간사회》, 214쪽).

실제로 푸른잔디회는 1970년대를 중심으로 장애인의 생존권을 부정하는 듯한 사회의 가치관에 대해 나치 독일의 장애인 학살과 관련지으며 '우생사상'의 발로라고 거듭 비판했습니다.

이들이 비판했던 것은 구체적으로 장애인의 '안락사'를 긍정하려는 가치관, 우생보호법에 '태아 조항'을 도입하려는 주장, 대규모 시설에 장애인을 격리 수용하자는 의견이었습니다.

예를 들어 1장에서 소개했던 작가 미즈카미 쓰토무는 〈친애하는 이케다 총리대신 님〉을 써서 장애아동 시설이 부족함을 비판하여 당시 큰 화제가 되었습니다. 하지만 미즈카미 쓰토무도 푸른잔디회에게 통렬하게 비판받았습니다.

> 작가 미즈카미 쓰토무가 당시 수상에게 보낸 〈친애하는 이케다 총리대신 님〉이라는 글이야말로 형태는 다르지만 <u>나치 독일에서 장애인 말살의 구실을 준 아버지들</u>의 운동과 완전히 일치하는 것이다.
>
> _《장애인 살해의 사상》, 60쪽.

밑줄 친 부분에 대해 《장애인 살해의 사상》 겐다이쇼칸 판 주석에는 "나치 독일의 장애인 안락사 계획은 1939년에 중증 장애아동을 가진 아버지(나치 당원)들이 히틀러에게 보낸 '자비로운 살해' 진정을 허가한 것에서 고안되었다"라고 적혀 있습니다. 푸른잔디회의 눈에는 미즈카미와 나치 당원 아버지가 겹쳐 보였던 것이겠지요.

미즈카미의 〈친애하는 이케다 총리대신 님〉은 그와 똑

같이 장애아동을 키우고 있으면서 시설 부족에 고심하던 부모들에게는 높이 평가받았지만, 푸른잔디회 입장에서는 그러한 부모들의 가치관 자체가 차별적인 것으로 받아들여졌습니다.

더구나 푸른잔디회가 미즈카미를 비판한 배경에는 다음과 같은 발언도 관계가 있을 것입니다. 미즈카미는 《부인공론》(1963년 2월호)에서 기획한 〈지상誌上 재판-기형아는 죽임 당해야 하는가〉라는 좌담회에서 다음과 같이 말했습니다.

> 내가 말하고 싶은 것은 병원에서 그러한 아이(인용자: 중증 심신장애아동)가 태어났을 때 하얀 시트에 싸서 그 아이를 곧장 깨끗한 화원花園에 가져다주면 된다는 것이다.

> 나는 생명심의회를 즉시 만들고, 거기에 상담하러 가면 아이의 실정이나 가정의 사정을 심사하여 생사를 결정하도록 해 주었으면 한다는 것이다.

이러한 발언이 《부인공론》이라는 거대 매체에 게재되었다는 점을 생각해 보면, 당시(1960년대 전반)에는 사회적으로 문제가 있는 발언으로 여겨지지는 않았던 것으로 보입니다.

미즈카미가 말한 "깨끗한 화원"이란 그 후의 문구에서 등장하는 "기형아가 태양을 바라보게 하는 시설"이라고 생각됩니다만, 푸른잔디회는 "깨끗한 화원"(=장애아동 시설)과 "생명심의회"(=생명의 선별)가 연결된 가치관을 자신들 장애인의 생존권을 위협하는 것으로 받아들였습니다.

이와 같은 푸른잔디회의 주장에 다카스기 신고高杉晋吾나 혼다 가쓰이치本多勝一 같은 저널리스트들도 공감했습니다(혼다 가쓰이치에게는 뇌성마비 여동생이 있었습니다). 예를 들어 다카스기는 장애인을 대규모 시설에 수용해 온 정책을 나치즘의 발현이라고 강하게 비판합니다(《현대 일본의 차별 구조》).

또 푸른잔디회는 7장에서 보았던 우생보호법 개정안에 대해서도 나치즘과 결부시켜 비판합니다. 요코즈카 고이치는 다음과 같이 썼습니다.

> 우생보호법 개정안이란 것이 과거 나치 독일이 유대인 대량학살과 함께 긍지 높은 게르만 민족의 강화라는 대의명분 아래(열악한 자손을 없애기 위해서) 수십만의 장애인, 정신박약자를 죽였던 것과 기본적으로 어디가 다를까요.
>
> _《엄마! 죽이지 마》, 130쪽.

나가며

우생보호법 제정에 힘썼던 인물로 오타 덴레이太田典礼(산부인과 의사·중의원 의원)가 있습니다. 그는 나중에 일본안락사협회를 설립하고 '안락사'의 법제화를 강력히 호소한 인물로도 알려져 있습니다.

오타는 '안락사'의 대상에 중증장애인을 포함시켜야 한다는 취지의 발언을 여러 차례 했습니다. 《주간 아사히》(1972년 10월 27일 호) 기획 특집 기사 〈신체장애인 살인 사건: 안락사 당하는 측의 "목소리가 되지 않은 목소리"〉에는 "식물인간을 인격이 있는 인간이라고는 생각하지 않습니다. 쓸모없는 사람은 사회에서 사라져야 합니다"라는 오타의 말이 소개되어 있습니다.

이러한 '인간의 선 긋기'를 행하는 듯한 발언이나 가치관에 대해 푸른잔디회는 비판을 이어 갔습니다. 일본 장애인운동에는 '안락사'에 대해 특별한 경계심을 가진 단체나 개인이 적지 않았는데, 그 배경에는 1970년대 이래 이어진 운동의 축적이 존재하고 있는 것입니다.

† 사회문제를 말하는 단어

1970년대에는 특히 푸른잔디회를 중심으로 장애인 운

동가들에 의해 장애인 차별과 나치즘이 결부되어 비판받았습니다. 이즈음을 전후해서 '왜 장애인을 차별하면 안 되는가'에 대해 논할 때, '그것은 나치 독일이 행했던 것과 이어지기 때문이다'라고 설명하는 논법이 하나의 정형이 되었고, 그에 걸맞은 영향력을 갖기 시작했던 것입니다(아라이 유키, 《장애와 문학》 참조).

이렇게 생각하면 '우생사상'이란 말이 장애인 차별을 비판하는 맥락에서 사용되기 시작한 것도 약 반세기 가까운 시간이 경과한 셈입니다. 이는 뒤집어 보면 장애인 차별을 비판하는 맥락에서 사용되기 시작한 '우생사상'이란 말이 약 반세기의 시간이 지나서도 여전히 계속 쓰이고 있다는 말입니다.

이것에는 두 가지 논점이 있겠지요.

하나는 그만큼 '우생사상'이라는 것이 극복하기 어려운 심각한 문제라는 점. 다른 하나는 약 반세기의 시간 동안 이 사회에서 '우생사상'을 대신하여 '장애인 차별과 맞서는 언어'를 만들어 내지 못하고 있는 것 아닐까 하는 점입니다.

이는 하나의 문제를 두 측면에서 보는 것일지도 모르겠습니다.

'우생사상'이란 말을 현재와 같은 부정적인 의미로 쓰기 시작한 이들은 1970년대 장애인 운동가들입니다. 그러한 운동가들이 보기에 아직도 이러한 가치관과 싸우지 않으면 안 되는 사회에 문제가 있었다는 것이겠지요.

또 한편으로 사회 전체가 이러한 가치관과 제대로 마주할 의지를 가지고 있지 않기에, '우생사상' 이외에 '장애인 차별과 맞서는 언어'가 새롭게 생겨나지 않는 것이겠지요.

애초에 어떤 사회문제를 생각할 때, 약 반세기 전에 쓰던 말이 계속해서 사용되고 있다는 것이 무엇을 의미하는지 우리는 한번 생각해 보아야 합니다.

예를 들어 지난 20~30년 사이에 '성차별'을 비판하는 말이 증가했습니다. 일본에서 처음으로 '섹슈얼 하라스멘트 sexual harassment(성희롱)'를 둘러싼 재판이 제기되었던 것이 1989년의 일입니다. 이 말은 같은 해 '신조어·유행어 대상'의 신조어 부문 금상을 수상했습니다.

그 후 약 30년이라는 시간을 거쳐 지금은 '섹슈얼 하라스멘트(세크 하라)'는 누구나 아는 말이 되었고 그 범주도 '대가형'이나 '환경형'을 비롯하여 몇 가지의 유형으로 세분화되어서 '머터니티 하라스멘트 maternity harassment'나 '젠더 하라스멘트 gender harassment' 같은 파생어도 생겨났습니다.

또 이외에도 'DV(가정폭력domestic violence)' 등과 같이 그동안 '폭력', '성폭력'으로 인지되지 않았던 문제를 부각하는 말이 늘어나거나, '#MeToo'와 같은 형태로 성폭력 피해자들의 연대를 촉진하는 운동이 일어났습니다. 최근에는 섹슈얼 마이너리티sexual minority(성소수자)에 관한 말('LGBTQ' 등)들이 증가했습니다.

하나의 단어는 오랫동안 사용되다 보면 의미와 내용이 세분화되거나 파생된 말들을 만들어 냅니다. 성차별이나 성폭력을 비판하는 말이 늘어난 배경에 이러한 차별과 폭력을 극복하고 다양성이 있는 사회를 요구하는 의지를 내세웠던 사람들이 존재했다는 점을 잊어서는 안 됩니다. 그러한 의지가 '사회문제를 말하는 단어'의 수를 늘려 가는 것입니다.

여기에 비해 '장애인 차별'에 관해서는 어떨까요. '성차별'에서 봤듯이 단어의 바리에이션variation(용례)이 늘어났을까요.

늘어난 말도 있다고 생각합니다.

예를 들어 1990년대 이후 '장애와 개성' 및 '모두 다르고 모두 괜찮다'라는 말이 장애인과의 공생을 목표로 하는 맥락에서 종종 보이기 시작했습니다. 그러나 이러한 말은 '장애인과 사이좋게 지내기 위한 말'이지 '장애인 차별'이라는 인권침해를 억제하거나 규탄하는 '싸움의 언어'는 아닌 것 같습니다.

생각해 보면 '장애인 차별'을 표현하는 말도 좀 더 다양하게 세분화되어야 합니다. 신체장애, 지적장애, 정신장애처럼 다른 사정을 가진 사람들이 여러 가지 상황과 맥락에서 사회로부터 받는 냉대나 억압을 각각 표현하는 말이 있어도 이상하지 않습니다만, 현재 우리는 그러한 말을 갖고 있지 않습니다(예를 들어 친절한 설명을 원하는 지적장애인의 요구가 거절당하거나, 청각장애인이 필담으로 나누는 대화를 거절당하는 것과 같은 사례에 대한 개별적인 표현을—적어도 사회적으로 공유되는 것으로서—우리는 갖고 있지 않습니다).

어떤 차별을 표현하는 단어가 없다(적다)는 것이 그 사회에 차별이 존재하지 않는다는 것을 의미하지 않습니다. 오히려 차별을 표현하는 단어가 적은 만큼 그 사회가 차별에 둔감하다는 것을 의미합니다.

그렇게 생각한다면 사가미하라 사건이 일어난 후에도 우리가 여전히 '우생사상'이란 단어를 약 반세기 전과 거의 같은 뜻으로 계속 쓰고 있다는 것의 의미를 한번 멈춰서서 생각해 보아야 합니다.

† '인간'의 선 긋기에 저항하다

다음으로 '장애인도 똑같은 인간'이라는 문구에 대해서 생각해 봅시다.

사가미하라 사건에 관한 보도나 행사에서 '장애인도 똑같은 인간'이라는 문구를 종종 볼 수 있었습니다.

저는 한 사람의 문학 연구자로서 이 '인간'만큼 어려운 단어는 없다고 생각합니다. 왜냐하면 '인간'이란 단어는 때때로 개인이 각자 생각을 담아서 사용하기 때문에 사용하는 사람의 수만큼 의미가 생겨나 버리기 때문입니다.

사가미하라 사건의 피고인은 중증장애인이 불행을 만들어 내는 것밖에 할 수 없으며, 의사소통이 불가능한 장애인은 '안락사'시켜야만 한다는 취지로 발언하고 있습니다. 또 자신이 손댄 피해자를 '인간'으로 간주하지 않는 취지의 발언도 보도되었습니다(가나가와신문 〈시대의 정체〉 취재반 편, 《시대의 정체 Vol. 3》).

이 피고인은 장애인이 살아갈 의미를 태연하고 노골적으로 부정했습니다. 또 사회관계망서비스SNS 등에서는 그러한 그의 가치관에 동조하거나 나아가 지지하는 말도 나타났습니다.

'장애인은 살아갈 의미가 없다'라는 문구는 정면에서 반론하기 어려운 무척 성가신 성질을 갖고 있습니다. 왜냐하면 '장애인은 살아갈 의미가 없다'라는 문구에 정면으로 반론을 제기하려 하면, 반론자 측에 '장애인이 살아갈 의미'를 입증할 책임이 생겨나 버리기(그러한 듯 착각하게 되기) 때문입니다.

원래 '사람이 살아갈 의미'에 대해서는 가볍게 논의할 수 없습니다. 장애가 있든 없든, 사람이라면 누구든지 '자신이 살아 있는 의미'를 간결하게 설명하기 불가능하다고 생각합니다. '자신이 살아갈 의미'도 '자신이 살아온 의미'도 간략한 말로 정리할 수 있는 얕은 문제가 아니기 때문입니다.

저는 '자신이 살아갈 의미'에 대해서 마음속으로 고민하기도 하고 소중한 사람과 이야기를 나누기도 합니다. 자신의 삶의 보람에 대해 누군가가 알아줬으면 하기에, 그 생각을 내보이는 경우도 있습니다.

하지만 제가 '살아갈 의미'에 대해 제3자로부터 설명을 요구받아야 할 이유는 없습니다. 또 사회에 그것을 논증해야만 하는 의무도 지지 않습니다. 만약 제가 제3자로부터 '살아갈 의미'에 대해 설명을 요구받고 설득력 있는 설명을 하지 않았을 경우 저에게 '살아갈 의미'가 없는 것이 될까요.

그렇다고 한다면 그것은 너무나도 불합리한 폭력이라고밖에 말할 수 없습니다.

이 사회에서 누군가에게 '살아갈 의미'를 증명할 것을 요구하거나 그러한 수고를 부과하는 것 자체가 심각한 폭력임을 우리는 인식할 필요가 있습니다.

중증장애인에게 '살아갈 의미'를 증명하라고 요구하는 가치관은 반드시 중증장애인 이외의 사람에게도 이빨을 드러낼 것입니다.

사가미하라 사건 이후 '장애인도 똑같은 사람'이라는 문구가 반복되었던 배경에는 '인간'의 가치를 함부로 결정하고 난폭하게 선을 그으려 하는 피고인의 망상을 부정하지 않으면 안 된다는 위기감이 존재하고 있었다고 생각합니다.

장애 유무와 관계없이 사람은 모두 동등하게 대체할 수 없는 존재이며 동등한 존엄을 가진 존재라는 의미에서 '장애인도 똑같은 인간'이라는 문구는 전혀 틀린 말도 아니며 무력한 미사여구도 아닙니다.

그러나 역사적으로 볼 때, 우리는 이러한 문구가 어떤 의미를 지녔었는지를 알아야 합니다. 얄궂게도 '장애인도 똑같은 인간'이라는 문구가 도리어 장애인 당사자들을 억압하는 힘을 가졌던 경우가 있었습니다.

우생보호법의 대상으로 규정되었던 질환 가운데 하나로 한센병이 있습니다. 환자들이 격리수용된 요양소에서는 환자끼리 결혼할 때의 조건으로 불임수술이 강제되거나 임신이 발각된 경우 중절수술이 행해지기도 했습니다.

이처럼 요양소 안에서 환자가 불임수술이나 중절수술을 받을 때(받을 것을 강요받았을 때), '똑같은 인간'이라는 문구가 강력한 논리가 되어 버리는 일이 있었습니다.

즉, "환자도 '똑같은 인간'이기 때문에 불쌍한 아이를 낳아서는 안 된다는 사려 깊음을 갖춰야만 한다"라는 형태로 환자들의 마음을 옭아맸던 것입니다(아라이 유키, 《격리의 문학》).

'인간'이란 지극히 보편적이고 추상적인 단어이기에 자칫하면 개개인이 가진 사정을 일절 무시하고 소수자를 다수자의 논리에 따라오게 하거나 다수자의 가치관을 소수자에게 주입하려 하는 억압적인 말로써 어떻게든 전용할 수 있게 됩니다.

즉, '장애인도 똑같은 인간이기 때문에'라는 표현은 장애인에게 인내와 자제를 강요하는 표현으로도 쓰이기 쉽습니다.

'인간'이라는 단어는 그 테두리를 각자가 마음대로 이야기할 수 있습니다. 애초에 '인간'이란 누구인가, '인간'의 조건이란 무엇인가라는 질문에 대해 때로는 논의가 조잡하고 난폭하게 이뤄지기도 합니다.

사가미하라 사건의 피고인은 의사소통이 불가능한 중증장애인을 '심실자心失者'라고 부르며 그들이 '인간'임을 부정했습니다. 누군가를 자기 멋대로의 감각으로 '인간'으로 인정하거나 인정하지 않는 가치관에 저는 공포를 느낍니다.

† '인간'의 의미를 쌓아 올리다

골치 아픈 것은 이러한 문제가 있음에도 '장애인도 똑같은 인간'이라는 문구 자체가 틀리지는 않았다는 점입니다. 문제는 이 '인간'이라는 단어에 이 사회가, 우리가 어떠한 의미와 내용을 담아 나갈 것인가 하는 데 있습니다.

장애인운동에서도 '장애인도 똑같은 인간'이란 문구를 빈번하게 사용해 왔습니다. 그러면 그런 운동 현장에서 이 '인간'이라는 말이 어떤 의미로 쓰였던 것일까요. 책에서 소개했던 사례로 이야기를 좁혀서 생각해 봅시다.

3장에서 소개했던 다카야마 히사코(초기 푸른잔디회 창

립 멤버)가 쓴 〈소아마비 환자도 인간입니다〉(1956년)라는 수기를 떠올려 주십시오. 이 수기가 하나의 계기가 되어 초기 푸른잔디회가 결성되었습니다.

　이 수기의 말미에 "우리에게 사회의 일부를 떼어 주세요"라는 문장이 있습니다. 그 후 푸른잔디회의 활동을 생각한다면 이 자체는 미온적인 말투입니다만, 1950년대 당시 장애인이 사회에 분명하게 요구하는 자세를 보인 것은 획기적인 일이었습니다.

　이 문장에서 다카야마가 외쳤던 "소아마비 환자도 인간입니다"라는 문구는 사회에 장애인의 거처나 공간을 만들어 달라, 장애인과 사회의 접점을 만들어 달라는 취지의 주장이었던 셈입니다.

　7장에서 푸른잔디회의 전단을 소개했습니다(본문 234쪽). 푸른잔디회로서는 최초의 대대적인 저항 행동이었던 감형반대운동(5장 참조) 때 작성된 전단입니다(본문 147쪽 사진 참조). 여기에는 "우리는 살고 싶습니다. / 인간으로 사는 것을 인정해 주길 바랍니다. / 단지 그것뿐입니다." 같은 표현이 있었습니다.

　푸른잔디회가 사용한 '인간'이라는 단어에 사람에게서 태어났거나 사람을 낳는 존재로 인정해 주길 바란다는 의미가 담겨 있었다는 점도 7장에서 확인했습니다.

그들이 벌였던 일련의 반차별 운동에서 나온 주장에 의하면, 푸른잔디회가 말하는 "인간으로 사는 것을 인정해 주길 바랍니다"란 '장애인이라고 해서 죽이지 마라'라는, 가장 밑바닥의 외침부터 시작하여 '보통' 사람이 '보통' 하고 있는 일('지역사회에서 살다', '버스에 타다', '연애하다', '결혼하다', '아이를 낳아 기르다' 등)을 장애인에게도 인정해 달라는 주장으로 서서히 그 의미의 폭을 넓혀 왔다고 생각합니다.

장애인들이 장애인운동에서 외쳐 왔던 '장애인도 똑같은 인간'이라는 문구는 "장애인도 생물학적 '인간'으로 분류되는 존재다" 같은 의미가 아닙니다. 지금까지 운동이 쌓아 온 것을 감안한다면, 이 말은 '장애인도 사회에서 함께 생활하는 사람이다'라는 메시지로 키워 낸 문구입니다.

현재, 일본 사회에는 장애인차별해소법(들어가며 참조)이 제정·시행되고 있습니다. 장애인에 대한 차별을 '해소'하기 위한 노력을 사회 전체가 쌓아 나갈 것을 이상으로 내세운 것입니다. 그러한 현재를 생각하면, '장애인도 똑같은 인간'이라는 문구는 '다른 사람들에게 주어지는 사회참여의 기회나 권리가 장애인에게도 동등하게 주어져야 한다'는 의미와 내용으로 쓰여야만 할 것입니다.

매우 답답하고 또 말로 하기 어렵지만, 중증장애인이 '인간'임을 부정했던 끔찍한 행위에 '장애인도 똑같은 인간'이라는 말을 계속 맞부딪치게 하면, '인간'이라는 단어의 화소 수가 떨어질 우려가 있습니다.

즉, 약 반세기를 거쳐 장애인운동이 쌓아 올린 '장애인도 똑같은 인간'이라는 문구의 의미가 '장애인도 똑같은 인간이기 때문에 함부로 죽여서는 안 된다'의 차원으로 후퇴해 버릴 우려가 생긴다는 것입니다.

사가미하라 사건은 이 정도까지 '장애인운동이 축적해 온 것'을 뿌리부터 파괴한 만행이었습니다.

무너진 것은 다시 쌓아 올려야만 합니다.

'장애인도 똑같은 인간'이라는 문구에 지금부터 어떤 의미를 쌓아 나가야 할까요?

그것은 사가미하라 사건이라는 끔찍한 행위가 일어난 사회에서 살아가는 우리가 떠맡아 생각해야 할 문제입니다.

참고문헌(제시된 순서대로)

들어가며

〈障害児《妊娠初期にわかり出産減らせたら》〉,《朝日新聞》, 2015년 11월 19일, 조간 38면.

〈長谷川氏辞職に同意〉,《朝日新聞》茨城版, 2015년 11월 25일, 조간 29면.

제1장

〈明るく育て"青い芝"の会 不自由な手を結び 立上る脳性マヒ患者たち〉,
《朝日新聞》, 1957년 10월 12일, 조간 11면.

杉本章,《(増補改訂版)障害者はどう生きてきたか―戦前·戦後障害者運動史》,
      現代書館, 2008년.

松山善三,〈小児麻痺と闘う人々〉,《婦人公論》1961년 9월호.

水上勉,〈拝啓池田総理大臣殿〉,《中央公論》1963년 6월호.

黒金泰美,〈拝復水上勉様―総理にかわり,《拝啓池田総理大臣殿》に答える〉,
      《中央公論》1963년 7월호.

〈身障児対策を推進〉,《朝日新聞》1965년 9월 5일, 조간 1면.

〈"障害者の楽園"完成へ 国立コロニー受け入れ準備も始る〉,《朝日新聞》1970년 10월 11일, 조간 23면.

比久田憂吾,〈母にむかいて〉,《しののめ》70호, しののめ発行所, 1970년 12월.

しののめ編集部,《脳性マヒの本》, しののめ増刊, しののめ発行所, 1972.

山北厚,〈会長となって〉,《青い芝》제1호, 青い芝の会, 1957년 12월.

江藤文夫, 〈身体障害者手帳制度に関する最近の話題〉, 《ノーマライゼーション―障害者の福祉》, 日本障害者リハビリテーション協会, 2013년 11월호.

文部省編, 《学制百二十年史》, ぎょうせい, 1992.

제2장

横塚晃一, 〈敗軍の兵〉, 《整肢療護園同窓会会報》 33호, 1970년 2월(《おせんち山資料編》, 整肢療護園同窓会30周年記念誌別冊, 整肢療護園同窓会発行, 1985에 수록).

横田弘, 《障害者殺しの思想》 初版=JCA出版, 1979, 増補新装版=現代書館, 2015.

横塚晃一, 《母よ!殺すな》 初版=すずさわ書店, 1975.

増補版=すずさわ書店, 1981. 増補復刻版=生活書院, 2007.

荒井裕樹, 《差別されてる自覚はあるか―横田弘と青い芝の会〈行動綱領〉》, 現代書館, 2017.

金満里, 《生きることのはじまり》, 筑摩書房, 1996.

津田道夫·木田一弘·山田英造·斉藤光正, 《障害者の解放運動》, 三一書房, 1977.

제3장

《朝日新聞》 解説欄, 〈ことば〉, 1981년 2월 6일, 조간 4면.

《読売新聞》 解説欄, 〈ミニ解説〉, 1981년 3월 24일, 조간 5면.

日本身体障害者友愛会会報, 《友愛通信》(障害者運動資料集成, 《友愛通信》 전15권, 復刻版, 柏書房, 2002).

有安茂, 〈身体障害者友愛会創立と《友愛通信》創刊一周年をむかえて〉, 《友愛通信》 (復刻版) 6호, 1955년 9월.

〈お母さんの体験記〉, 《青い芝》 2주년 기념호, 青い芝の会, 1959년 11호.

伴井嘉子,〈肢体不自由者の希い〉,《婦人公論》1956년 7월호.

高山久子,〈小児麻痺患者も人間です〉,《婦人公論》1956년 7월호.

花田春兆,〈うたの森〉,《ノーマライゼーション―障害者の福祉》, 日本障害者リハビリテーション協会, 1999년 9월호.

伴井嘉子,〈私の願望〉,《しののめ》43호, 重障者収容施設特集, しののめ発行所, 1961년 2월.

小山正義,〈障害者の問題は障害者の手で〉, 青い芝の会神奈川県連合会会報,《あゆみ》(復刻版) 2호, 1966년 6월.

横塚晃一,《母よ！殺すな》増補復刻版, 生活書院, 2007.

九龍ジョー,〈運動はすぐそばにある―本当に〈障害者は自分の人生に関係ない〉と言えるか〉(荒井裕樹との対談), 荒井裕樹対談集《どうして、もっと怒らないの？―生きづらい〈いま〉を生き延びる術は障害者運動が教えてくれる》, 現代書館, 2019에 수록.

제4장

内閣府リーフレット《〈合理的配慮〉を知っていますか?》.

横田弘,《障害者殺しの思想》増補新装版, 現代書館, 2015.

横田弘,〈やっぱり障害者が生きていることは当たり前じゃない〉, 全国自立生活センター協議会編,《自立生活運動と障害文化―当事者からの福祉論》, 全国自立生活センター協議会, 2001에 수록.

九龍ジョー,〈運動はすぐそばにある―本当に〈障害者は自分の人生に関係ない〉と言えるか〉(荒井裕樹との対談), 荒井裕樹対談集《どうして、もっと怒らないの？―生きづらい〈いま〉を生き延びる術は障害者運動が教えてくれる》, 現代書館, 2019에 수록.

荒井裕樹,《障害と文学―〈しののめ〉から〈青い芝の会〉へ》, 現代書館, 2011.

《しののめ》47호, 特集〈安楽死をめぐって〉, しののめ発行所, 1962년 4월.

正木恒子,〈母と子の立場から〉(往復書簡), 앞의 책,《しののめ》47호에 수록.

横田弘,〈過程〉,《しののめ》48호, しののめ発行所, 1962년 9월.

油田優衣,〈強迫的·排他的な理想としての〈強い障害者像〉―介助者との関係における〈私〉の体験から〉,《当事者研究をはじめよう》, 金剛出版, 2019.

横田弘,〈メーデー会場にて〉, 青い芝の会神奈川県連合会会報《あゆみ》(復刻版) 9호, 1970년 6월.

제5장

〈〈障害者×感動〉を問う NHKの《24時間テレビ》裏番組に反響〉,《朝日新聞》
2016년 9월 3일, 조간 33면.

ロイス·キース 著, 藤田真利子 訳,《クララは歩かなくてはいけないの?―少女小説にみる死と障害と治癒》, 明石書店, 2003.

《あゆみ》49호, 青い芝の会神奈川県連合会会報(復刻版), 1979년 12월.

〈《障害児殺し》描く劇画誌回収《まっ殺 正当化の危険性》関係者の抗議殺到〉,
《朝日新聞》1979년 9월 5일, 석간 6면.

〈絶望に泣いた母と子 収容拒んだ県施設 政令都市住民に厚いカベ〉,
《朝日新聞》神奈川版, 1970년 6월 7일, 24면.

〈小児マヒの子殺す 上の子もマヒ, 疲れた母〉,《読売新聞》1970년 5월 29일, 석간 11면.

〈脳性マヒの幼女殺す 金沢区で母親逮捕 夜泣きにかっとなる〉,《神奈川新聞》
1970년 5월 30일, 15면.

〈罪は罪として裁け 許せぬ責任放棄 脳性マヒ者の会が意見書〉,
《朝日新聞》神奈川版, 1970년 7월 6일, 20면.

〈ムチ打つのは哀れ 身障児殺し減刑問題に反響 施設作りこそ急務〉,
《朝日新聞》神奈川版, 1970년 7월 15일, 24면.

《あゆみ》10호, 青い芝の会神奈川県連合会会報(復刻版), 1970년 8월.

横塚晃一, 《母よ！殺すな》増補復刻版, 生活書院, 2007.

《あゆみ》15호, 青い芝の会神奈川県連合会会報(復刻版), 1972년 8월.

横田弘, 《障害者殺しの思想》増補新装版, 現代書館, 2015.

横田弘対談集, 《否定されるいのちからの問い―脳性マヒ者として生きて》,
現代書館, 2004년.

제6장

〈障害者配慮の社会 道半ば 車いす男性, バニラ・エアに自力で搭乗〉, 《朝日新聞》
2017년 8월 7일, 조간 22면.

〈車イス60人強行分乗 バス46台ストップ 窓割り, 座り込み, 大混乱〉, 《読売新聞》
1977년 4월 13일, 조간 23면.

〈身障者のバス騒動を演出する川崎《青い芝の会》のリーダー〉, 《週刊新潮》
1977년 4월 28일 호.

横田弘, 《障害者殺しの思想》増補新装版, 現代書館, 2015.

〈バスに車イスお断り 川崎で強行 "乗せろ" 紛糾続出〉, 《読売新聞》 1976년 12월 11일,
조간 23면.

《《車イス乗車ぜひ認めて》川崎の脳性マヒ者協会市と初会談》, 《朝日新聞》
1977년 1월 8일, 조간 18면.

〈介護人がいれば車イスのままのバス乗車認める〉, 《朝日新聞》 1977년 10월 22일,
조간 22면.

〈対立続く車イスのバス乗車 差別に通じる《過保護》義務も責任も平等扱いで〉,

《読売新聞》1977년 10월 25일, 조간 7면.

〈《介護人、同伴させる》車イスのバス乗車 運輸省が統一基準〉,《読売新聞》1978년 3월 28일, 조간 3면.

〈車イス乗車に係る問題点の打開対策について〉, 青い芝の会神奈川県連合会会報《あゆみ》(復刻版) 39호, 1977년 9월에 수록.

〈車椅子乗車問題に関する見解〉, 앞의 책,《あゆみ》39호에 수록.

横塚晃一,〈全日本運輸労働組合協議会への抗議文〉, 앞의 책,《あゆみ》39호;《母よ！殺すな》増補復刻版, 生活書院, 2007에 수록.

廣野俊輔,〈川崎バス闘争の再検討―障害者が直面した困難とは?〉,《社会福祉学》제55권 제4호, 2015.

제7장

ヒュー・グレゴリー・ギャラファー 著, 長瀬修 訳,《ナチスドイツと障害者〈安楽死〉計画》新装版, 現代書館, 2017년.

《それはホロコーストの"リハーサル"だった~障害者虐殺70年目の真実~》ETV特集, 2015년 11월 7일 방송.

毎日新聞取材班,《強制不妊―旧優生保護法を問う》, 毎日新聞出版, 2019.

優生手術に対する謝罪を求める会 編,《優生保護法が犯した罪―子どもをもつことを奪われた人々の証言》増補新装版, 現代書館, 2018.

長田文子,《癒ゆるなき身の》歌集, 東雲発行所, 東雲叢書 2, 1961.

北原紀夫,〈廃者の領域　2モルモットの眼〉,《石器》2호, 国立療養所詩人同盟, 1953년 12월.

荒井裕樹,《隔離の文学―ハンセン病療養所の自己表現史》, 書肆アルス, 2011.

荒井裕樹,《障害と文学―〈しののめ〉から〈青い芝の会〉へ》, 現代書館, 2011.

横塚晃一,《母よ！殺すな》増補復刻版, 生活書院, 2007.

〈請願書〉, 青い芝の会神奈川県連合会会報《あゆみ》(復刻版) 19호 부록, 1973년 8월에 수록.

横田弘,《障害者殺しの思想》増補新装版, 現代書館, 2015.

〈障害者は殺されるのが当然か! 優生保護法改正案に反対する〉, 앞의 책,《あゆみ》19호 부록에 수록.

〈殺される, 立場から 集会宣言〉, 앞의 책,《あゆみ》19호 부록에 수록.

荒井裕樹,《差別されてる自覚はあるか―横田弘と青い芝の会〈行動綱領〉》, 現代書館, 2017.

〈特別記事 脳性マヒ この肉体の宿命をのり越えて 心に愛の灯をともした私たち〉,《女性セブン》1966년 11월 9일.

増田レア,《無縁の地平に―大仏照子の生涯》, マハラバ文庫, 2015.

《青い芝》3주년 기념 특별호,〈夏のキャンプ〉, 1960년 11월.

〈クローズアップ この三組に幸あれ 善意で実った身障者同士の合同結婚式〉,《週刊アサヒ芸能》1966년 10월 30일.

〈愛こそわがいのち 身障カップル次々誕生 生きるからには幸福を〉,《朝日新聞》京浜版, 1970년 6월 26일, 24면.

横田淑子,〈この十字架を背負いつつ私は愛に生きる〉,《主婦と生活》1967년 3월호.

横塚晃一,〈敗軍の兵〉,《整肢療護園同窓会会報》33호, 1970년 2월(《おせんち山資料編》, 整肢療護園同窓会30周年記念誌別冊, 整肢療護園同窓会発行, 1985에 수록).

〈座談会 世代間継承 ①―身体障害·難病編〉,《当事者研究と専門知―生き延びるための知の再配置》, 金剛出版, 2018.

나가며

〈相模原事件が投げかけるもの(上)〉,《朝日新聞》 2016년 8월 25일, 조간 37면.

米本昌平·橳島次郎·松原洋子·市野川容孝,《優生学と人間社会―生命科学の世紀はどこへ向かうのか》, 講談社現代新書, 2000.

横田弘,《障害者殺しの思想》 増補新装版, 現代書館, 2015.

〈誌上裁判 奇形児は殺されるべきか〉,《婦人公論》 1963년 2월호, 石川達三·戸川エマ·小林提樹·水上勉·仁木悦子.

高杉晋吾,《現代日本の差別構造―〈健全者〉幻想の破産》, 三一書房, 1973.

横塚晃一,《母よ！殺すな》 増補復刻版, 生活書院, 2007.

〈特集　身障者殺人事件　安楽死させられる側の"声にならない声"〉,《週刊朝日》 1972년 10월 27일.

荒井裕樹,《障害と文学―〈しののめ〉から〈青い芝の会〉へ》, 現代書館, 2011.

神奈川新聞〈時代の正体〉取材班編,《時代の正体 Vol.3―忘却に抗い, 語りつづける》, 現代思潮新社, 2019.

荒井裕樹,《隔離の文学―ハンセン病療養所の自己表現史》, 書肆アルス, 2011.

지은이 후기

일문학 연구실에 소속되어 있던 대학원생 시절, 어떤 일이 계기가 되어 뇌성마비 장애인 운동가이며 문필가인 하나다 슌쵸 씨(전 일본장애인협의회 부대표, 2017년 작고)와 만났습니다.

할아버지와 손자 정도의 나이 차이가 있는 것에 더하여, 문학 연구에 뜻을 둔 학생이 장애인운동에 관심을 가진 경우가 드물었는지 슌쵸 씨는 몹시 신경을 써 주셨습니다.

제 쪽도 슌쵸 씨의 소탈한 인품과 그 작은 몸으로 짊어져 온 운동의 크기에 온통 매료되어 버렸고, 호출이 있을 때마다 급히 달려 나가 그분의 외출에 동행하는 대학원생 시절을 보냈습니다.

그 무렵 슌쵸 씨로부터 방대한 양의 체험담을 들었던 것 같습니다. 전쟁 전에 장애인들은 어떠한 삶을 살고 있었을까. 전쟁 중에는 어떻게 살아남았을까. 전쟁 후에 민주주의가 도래한 것을 어떻게 받아들였을까. 고도경제성장의 이면에서 어떠한 생활을 강요받았을까. 슌쵸 씨는 이러한 자신의 경험을 언어장애를 수반하면서도 신기하고 경쾌한 말투로 만날 때마다 들려주셨습니다.

이 책의 시작점(혹은 제 연구의 시작점)을 꼽자면 그 무렵 들었던 체험담으로 귀결될 것이라고 생각합니다. 현재 겉보기로는 연구자로 자립한 제가 하고 있는 것은, 그때 슌쵸 씨에게 듣지 못한 것이나 더 들어 두어야 했던 것을 제 나름대로 조사하고 엮어서 다음 세대에게 전달하는 작업일지도 모릅니다.

*

'장애인 차별'을 주제로 내건 책으로는 이 책이 조금 색다른 책이 되었다고 생각합니다. 책에서 다룬 사례는 신체장애(특히 뇌성마비)뿐이며, '장애인 차별을 멈추기 위해 유효한 수단'이나 '장애인차별해소법을 위반하지 않기 위한 적절한 대응 사례' 같은 것도 제시하고 있지 않기 때문입니다. 제목만 보고 이 책을 집어 든 독자 중에는 이러한 내용에 불만을 가진 사람이 있을지도 모릅니다.

확실히 차별은 사람의 생명과 생활을 위협하고 마음과 존엄에 상처를 입힙니다. 결코 용인해서는 안 되며, 즉시

효력을 발휘할 수 있는 대책을 취해야 할 경우도 많습니다. 하지만 또 한편으로 차별은 왕왕 복잡한 배경을 가지며, 명확한 해결책을 제시하기 어려운 경우가 있는 것도 사실입니다.

직면하고 있는 문제가 크면 클수록, 또 복잡하면 복잡할수록 특효약이나 대응 매뉴얼을 원하게 되는 것이 자연스러운 사람의 마음일지도 모릅니다. 하지만 너무나도 조급하게(혹은 단순하게) '해결'을 요구하는 발상에는 어딘가 위험이 따른다는 것을 계속해서 지적할 필요가 있다고 생각합니다.

딱 자를 수 없는 사정을 온 힘을 다해 나누어서 '해결'하려는 발상은 취약한 입장의 사람에게 인내와 침묵을 강요하거나 그러한 '해결'에 따르지 않는 사람들을 배제하는 방향으로 나아가기 쉽습니다.

예를 들어 '장애인 차별이 없는 사회를 만든다'라는 이념을 내세운 논의가 '장애인이 차별받지 않기 위해'라는 목적으로 바뀌면서 '장애인이 차별로부터 보호받기 위해서는 분리하여 사는 쪽이 낫다'는 결론으로 흘러가기도 합니다. 이 책에서 다루었던 푸른잔디회가 그 '행동강령'에서 '문제 해결이라는 길을 선택하지 않는다'라고 강조했던 것은 이와 같은 위험을 알리는 경종을 울리기 위해서였습니다.

　복잡하게 얽힌 문제에 맞서기 위해서는 답답하더라도, 멀리 돌아가더라도, 한 사람 한 사람이 할 수 있는 것을 쌓아 나갈 수밖에 없는 것 같습니다. 그때 중요한 것은 '나는 무엇이 가능할까'라고, '나'를 주어로 삼아 생각해 나가는 것이라고 봅니다.

　그러면 이 책의 저자인 내게 가능한 것은 무엇일까. 그것은 "과거, 이 사회에서 장애인 당사자들이 특정 언동이나 가치관을 '차별'이라고 받아들이기 시작했던 경위에 대해 구체적인 사례를 하나하나 조사해 나가는" 작업입니다.

　우리 사회에서 현재 어떠한 행위나 가치관이 '장애인 차별'로 간주되고 있는가. 그 행위나 가치관이 '장애인 차별'로 인식되기 시작한 것은 언제이며 어떠한 사정이 있었는가. 어떤 장애인들에게 그러한 행위나 가치관이 '차별'이라고 느껴진 것은 왜인가. 그런 장애인들은 어떠한 말이나 행동으로 거기에 저항했는가. 그리고 현재를 살아가고 있는 우리는 과거 장애인들의 문제 제기를 통해 무엇을 생각하고 어떻게 받아들일 것인가….

　이러한 시각에서 복잡하게 얽힌 '장애인 차별'에 대해 생각해 보기 위한 힌트를 얻는 것. 그것이 제가 할 수 있는 거의 전부입니다.

*

이 책을 집필하기 위해 많은 분의 도움을 받았습니다. 마지막으로 이 자리를 빌어 진심으로 감사드립니다.

푸른잔디회의 운동에 대해서 정말 많은 것을 알려 주셨던 푸른잔디회 가나가와현연합회의 요코타 히로시 씨(2013년 작고). 사가미하라 장애인 살상사건 등에 대해 이야기를 들려주신 장애인 자립과 문화를 개척하는 모임 'REAVA'의 시부야 하루미 씨. 마하라바 마을에 관한 귀중한 자료를 제공해 주신 마하라바 문고의 마스다·오사라기 레아 씨. 문예동인지 《시노노메》의 자료를 제공해 주신 시노노메 편집부의 사사키 마사코佐々木正子 씨. 정지치료보호원整肢療護園 동창회의 귀중한 자료를 제공해 주신 동창회의 사사키 다쿠지佐々木卓司 씨. 우생보호법 관련 자료를 대여해 주신 리브신주쿠센터 자료보존회의 요네즈 도모코米津知子 씨. 푸른잔디회의 귀중한 사진의 사용을 허락해 주신 싯소우 프로덕션의 여러분.

정말 감사했습니다.

그리고 이 책을 집필할 기회를 준 치쿠마쇼보 편집부

의 하시모토 요스케橋本陽介 씨. 지지부진한 집필에도 참을성 있게 함께 달려 주셔서 감사했습니다.

덧붙여 이 책은 푸른잔디회의 운동 이념을 요코타 히로시라는 한 인물부터 추적하며 썼던 책 《차별받는다는 자각은 있는가: 요코타 히로시와 푸른잔디회 '행동강령'》(겐다이쇼칸, 2017년)에 담지 못한 문제를 중심으로 썼습니다. 이 책을 읽고 푸른잔디회의 운동에 관심을 갖게 된 분은 그 책도 찾아봐 주신다면 감사하겠습니다.

2020년 2월
아라이 유키

옮긴이 후기

박사과정을 수료한 후, 2019년 여름부터 2020년 초까지 반년가량 일본 교토에 있는 도시샤대학에서 머물 기회가 생겼다. 당시 한국 현대사라는 연구 분과에서 장애인, 수용시설 등의 문제를 어떻게 다루면 좋을지 고민하던 때여서 자연스레 일본 장애인의 역사, 일본의 수용시설 관련 서적에 눈길이 갔다. 그중에는 일본 장애인운동사에 관한 책들이 있었고, 물론 푸른잔디회를 다룬 책들도 있었다.

그때까지는 푸른잔디회의 이름 정도만을 들어서 알고 있는 정도였는데, 일본 장애인운동사 관련 책들을 읽으면서 꽤 깊은 감명을 받았다. 한국 장애인운동사에서 봤던 것들과 똑같은 주장, 비슷한 투쟁 방식을 확인할 수 있었기 때문이다. 양국의 장애인운동이 이렇게나 유사하게 전개되어 왔다니. 아무래도 역사적으로 얽힌 것이 많고 서로 영향을 주고받는 일이 많기 때문일 거라고 생각한다. 장애인운동단체끼리의 교류도 느슨하게나마 이어졌다. 2000년대 중후반부터 한국 장애인운동에서 푸른잔디회를 언급하는 경우가 조금씩 늘어났고, 2012년에는 일본의 푸른잔디회와 한국의 노들장애인야학이 교류 간담회를 갖기도 했다.

동시에 이와 같은 일본 장애인운동사 서적을 번역하면 좋겠다는 생각이 들었다. 한국에서 번역된 외국의 장애인운동 역사 및 이론 서적은 영미권에서 출간된 것이 상대적으로 많다. 하지만 오히려 한국 장애인의 경험 및 고민과 유사한 모습을 보이는 일본 장애인의 역사를 더 많이 공유해야 하지 않을까 싶었던 것이다.

우선 책의 내용에 대해 좀 더 이야기하자면, 이 책은 일본 장애인운동의 '역사'를 다룬 책은 아니다. 장애인 차별이 무엇인지를 다시금 생각해 보기 위해 필자가 여러 질문들을 던지고, 거기에 답하기 위한 방법으로써 푸른잔디회의 다양한 운동 '역사'를 살펴본다. 차별에 대해 고민하기 위해서는 무엇을 차별이라 규정하고 거기에 맞서 싸워 왔는지를 확인해야 한다는 것이다. 그래서 차별에 저항했던 일본 장애인운동사를 간단하게나마 톺아보는 책이 되었다.

간단하다고 해서 그 내용이 얕지는 않다. 각 장마다 담겨 있는 푸른잔디회의 투쟁은 너무나 처절했고, 그들이 던진 질문과 요구한 주장은 깊고 넓었다. 그 질문과 주장은 현재의 상황과도 겹치는, 안타깝게도 여전히 유효한 것들이었다. 번역을 위해 책을 여러 번 읽으면서 스스로도 다시금 질문하고 고민하며 돌아볼 수 있는 소중한 기회를 얻었기에 무척 기뻤다.

앞서 말했듯이 일본 장애인운동사는 한국 장애인운동사와 유사한 지점이 많다. 이는 단체의 결성에서부터 엿보인다. 푸른잔디회 회원들은 특수학교 졸업생 명부를 참조하거나 장애인이 있는 가정을 방문하며 신규 회원을 모집했다. 나는 한국에서 1980년대에 만들어진 장애인문제연구회 '울림터'라는 조직의 결성 배경과 운동에 대해 연구한 적이 있는데, 이곳의 멤버들도 똑같은 방식으로 회원을 모집했다. 울림터는 한국의 대학생들을 중심으로 결성되었는데, 장애인이 다닌다는 대학교의 교문에서 무작정 기다리거나 수소문하여 알아낸 집으로 찾아가고 전화를 하며 조직을 했다고 한다(〈1980년대 한국 장애인운동의 '새로운 흐름' 형성〉, 《구술사연구》 제12권 1호, 2021).

장애인이 아닌 사람을 지칭하는 용어를 고민했던 것도 한국 장애인운동에서 발견할 수 있다. 한국에서는 장애가 없는 사람을 '일반인' 혹은 '정상인'이라고 오랜 기간 불러 왔다. 그렇다면 장애가 있는 사람은 일반적이지 않고 비정상이라는 말이 된다. 어떤 주체를 중심에 놓고, 이분법적인 선을 그은 후 나머지를 모두 타자화시키는 방식의 명명이라고도 할 수 있겠다. 이런 권력관계를 비튼다는 저항의식도 담아서 '비장애인'이라는 단어를 사용하기 시작했고, 많은 이들이 싸운 결과 이제 조금씩 한국 사회에 뿌리를 내려가는 것 같다.

장애인이 비장애인의 '이해'를 바라기보다는 '거절'당하는 것이 필요하다는 생각 역시 한국 장애인운동에서 중요하게 제기되었다. 한국에서는 장애인을 '착하다', '천사' 등의 단어와 연결지어 생각하는 경향이 짙었다. 그러다가 장애인들이 거리로 나와 자신들의 요구를 소리 높여 외치자 비장애인들은 적잖이 당황했다. '착한 장애인'들이 사회의 상식과 공권력에 저항하는 그림을 상상조차 해 보지 못했던 것이다. '나쁜 장애인'이 되기를 원했던 장애인들의 투쟁은 지금도 이어지고 있다(김창엽 외 지음, 《나는 '나쁜' 장애인이고 싶다》 개정판, 삼인, 2020).

장애인들의 이동권을 보장하라는 외침은 2025년 현재도 계속되고 있다. 2001년 수도권 지하철 4호선 오이도역에서 발생한 참사를 계기로 장애인들이 대중교통을 이용하여 이동할 권리를 본격적으로 외치기 시작했으니, 벌써 25년째 이어지고 있는 셈이다. 푸른잔디회가 가열차게 싸웠던 '가와사키 버스 투쟁'을 우리는 서울의 지하철역에서 목도하고 있다. 장애인의 임신·출산·육아 및 성과 관련한 운동 또한 현재 여러 단체들과 활동가들이 논의하고 투쟁하며 연대 중이다. 장애인 시설의 문제점을 지적하고, 장애인들이 지역사회에서 살아갈 수 있어야 한다는 당연한 요구를 외치는 탈시설 운동도 푸른잔디회의 운동과 겹쳐진다.

　이것 말고도 너무나 많은 접점들이 있기에, 이 책의 독자들이 한국 장애인운동에 대해 관심을 갖고 다른 책들을 더 읽어 봤으면 하는 마음이다. 2000년대 중반까지의 장애인운동사에 대해서는 《차별에 저항하라》(김도현 지음, 박종철출판사, 2007), 장애여성의 경험에 대해서는 《어쩌면 이상한 몸》(장애여성공감 지음, 오월의봄, 2018), 탈시설운동에 대해서는 《집으로 가는, 길》(홍은전 외 지음, 오월의봄, 2022)을 추천한다. 물론 이것 말고도 다양한 책과 운동이 있으니 더 찾아보길 바란다.

　그럼에도 역사 연구자로서 한국 장애인운동사, 장애의 역사에 대한 더욱 풍부한 연구가 이뤄지지 못한 현실이 아쉽다. 필요성은 차고 넘치는데, 어떻게 하면 좋을지는 아직 오리무중인 상황이다. 연구자들이 더 열심히 찾아보고 공부하는 수밖에 없겠다는 생각을 다시금 하게 된다.

번역에 대해 이야기하자면, 생각보다 쉽지 않은 작업이었음을 고백해야겠다. 이런 책의 번역이 필요하다고는 생각했지만 내가 직접 하겠다는 생각은 크지 않았다. 혹시라도 나에게 번역할 기회가 찾아온다면 한번 생각해 보자 하면서, 번역이라곤 해 본 적도 없는 주제에 근거 없는 자신감으로 가득 차 있던 때도 있었지만…. 막상 이 책의 번역 제안을 받았을 때도 어렵겠지만 해 볼 수 있지 않을까 하는 정도로만 생각했다.

그러나 나 혼자 읽고 필요한 만큼만 이해하는 것과 독자들에게 전달하기 위해 꼼꼼히 읽고 옮기는 것은 완전히 다른 차원의 작업이었다. 번역이란 것이 한국어로 글을 잘 쓰는 사람이 해야 하는 일인데, 그러지 못한 사람이 맡아서 부족한 점이 한두 개가 아닐 것 같아 걱정이다. 번역은 예상했던 것보다 더 어려운 일이라는 것을 몸소 느꼈다.

그나마 주변에 좋은 동료를 둔 복으로 엉망이던 글이 조금은 나아진 것 같다. 번역한 원고를 읽고 조언과 응원을 해 준 동료 김세림, 박은영, 이순영에게 감사를 전한다. 문학적 감수성이 부족한 탓에 본문의 일문학 표현들을 어떻게 번역할까 고민이 많았는데, 그 부분에 대해 조언해 준 후지타 타다요시에게도 감사하다.

    두번째테제의 장원 대표가 이 책을 소개해 주고 번역하자고 제안해 준 덕분에 보람찬 작업을 할 수 있었다. 게다가 번역 원고를 읽고 공동 번역자 수준으로 꼼꼼히 수정해 주었다. 적절한 한국어 표현을 찾지 못해 고민할 때도 언제나 딱 맞는 표현을 생각해 주었기에 거듭 감사함을 표해도 모자랄 지경이다. 이 자리를 빌어 다시 한번 깊은 감사의 마음을 전하고 싶다.

    이렇게 말하니 책임을 다른 사람에게 돌리려는 듯한데, 번역된 글에 오류가 있거나 잘못된 표현이 있다면 전적으로 옮긴이의 잘못이다. 설령 잘못이 있더라도 이 책이 갖는 의미까지는 훼손되지 않았기를 기대하며, 부디 한국어판 독자들에게도 그 마음이 잘 전달되고 함께 고민을 나눌 수 있었으면 하는 바람이다.

2025년 1월
문민기